重新定义课堂

60个高效课堂管理实用技巧

[美]爱丽丝·乌德瓦里·索尔纳 / 葆拉·克拉思 —— 著

杨密芬 —— 译

湖南人民出版社·长沙

目 录

序 **001**

引言
以主动合作学习促进全纳教育 **001**

第一章
建立团队和教室社区 **001**

这就是我的人生故事！ 002
幻灯片放映 008
我们的课堂——当下 012
团队简历 018
这是什么？ 022
我们都要面对问题 026
传递赞美 030
两个真相和一个谎言 035
世界真小 041

创建座右铭 046
上前一步 051
从前 056

第二章
教与学 **063**

漫步到白板前 064
探索自然世界 069
走着学 076
鱼缸标签 080
旋转木马 088
菜鸟还是老手？ 092
行走的广告牌 097
晚宴 101
你的同伴 106
分类、归类和组织 111
集体头脑写作 116
教授段落 119

第三章
学习与复习 **123**

边画边讲 124
我来说最后一个 129
随着音乐起舞 134
爆米花 139
抛个问题问问看 145
猜猜是谁？ 152
尴尬之椅 157
说一说 161
破解密码 167
匹配游戏 173
纸袋访谈 179
人体连续区 183

第四章

让课堂活跃起来 **189**

活色生香 190
快起快坐 194
一起来吧 200
分享与比较 204
起立作答 207
吟诵与咆哮 212
鞭策 220
各司其职 224
请从我的角度思考! 229
课堂反思 235
讲课停，戏剧起 241
圆桌会议 248

第五章 评估与庆祝 253

提问、评论与总结 254
倒数 259
想冒险吗? 263
桌面教学 267
画廊漫步 272
A 代表_____ 276
十强榜单 281
接住! 286
60 秒广告 290
合作小测 294
真人寻宝 298
表演出来! 304

序

我们在全纳学校[①]开展工作时，经常与教师们谈论各种课程设置和教学方法，以改善他们与学生之间的课堂互动。由于种种原因，我们认为最行之有效的做法就是在学生中采用主动合作学习的教学策略。

我们之所以倡导这种教学策略，首先是因为学生的反应。通过观察，我们发现学生（包括我们自己所教的大学

① 全纳学校（inclusive schools）：指实行全纳教育的学校。全纳教育（inclusive education）是1994年6月10日在西班牙萨拉曼卡（Salamanca）召开的世界特殊需要教育大会上通过的一项宣言中提出的一种全新的教育理念和教育过程。作为一种教育思潮，全纳教育容纳所有学生，反对歧视排斥，促进积极参与，注重集体合作，满足不同需求，是一种没有排斥、没有歧视、没有分类的教育。——译者注，下同。

生）对主动合作学习策略反应非常积极，而且这种策略有助于通用课程设计以及差异化和个性化教学。此外，我们还发现，当学生有学习动力时，对学习会更投入，能理解的知识似乎也更多。

其次，我们也被互动式、多层次教学所吸引。研究表明，当学生能够真实地表达自我和展示自我时，学习效果会更好。事实上，爱丽丝（本书第一作者）多年来一直致力于研究教育者与各类学习者之间的互动，而她的研究结果表明，当教师在教学过程中通过改变课堂形式、教学策略和教学安排创造出一种更加积极的课堂互动氛围时，会极大地提高身患严重残疾的学生的课堂参与度，增强他们与教师之间的互动。

研究和相关文献表明，积极互动的学习氛围使天赋异禀的学生、来自不同文化背景的学生以及大学阶段的学习者等其他人群也受益匪浅。在这种学习氛围下，学习者的学习兴趣更浓厚，参与度更高，更倾向于保留学习资料。

我们对这项工作感兴趣还因为今日的学生不同于以往——现在的学生大多是千禧世代或后千禧世代的。他们出生在信息、技术和社交网络数字时代，有着新的学习偏好和需求。尤其是，千禧世代学生喜欢和推崇的教学方法往往气氛特别活跃，注重多元互动和团队合作，同时还突出学习的社交功能——这正是我们在本书中倡导的策略。

最后，我们认为本书推荐的教学策略对于教育领域的专业人士也很实用。书中列出的教学活动让我们的工作变得更快乐而有趣，能让人开怀大笑，同时使课堂妙趣横生。这些活动不仅有助于我们满足更多学生的需求，同时也激励着我们通过各种方式与同事展开合作。

在中小学课堂中组织主动合作学习的教学活动时，我们很容易就能确定相关服务提供者（如言语治疗师、作业治疗师等）、同班教师（如英语语言专业人士、普通教育工作者和特殊教育工作者）和专业人员助手要以何种方式对所有学生展开合作教学。当学生参与一个非常忙碌的社交式教学活动时，比如“晚宴”活动（见正文第 101 页），我们通常会邀请言语治疗师与各组学生一起进行语用学和词汇扩展练习。在组织以文本为基础的活动时，比如“说一说”活动（见正文第 161 页），我们通常会与阅读专家合作，要求他们在整个课程中与不同的学生小组合作，帮助所有学生掌握更有效的理解策略。

基于上述原因，我们开始收集各种主动合作学习的教学活动，并与在职教师以及职前教师[①]一起改造这些活动以满足学生更广泛的需求。当我们在课上或在教师职业培训中介绍这些技巧时，很多听课的教师和大学生们都会问哪里可以找到更多资料帮助他们将这些手段运用到自己的全纳课堂中。例如，他们可能想组织晚宴，但又不清楚如果班上有那么一两个学生存在言语或严重沟通障碍，该怎么去做。他们也可能对“说一说”这个活动很感兴趣，但又不知道如何将其用在一个刚开始学习阅读的学生身上。正是基于上述需求，我们决定编写本书。书中包含的主动学习方法适用于基础教育及高等教育。在书中，我们明确设计了各种教学活动，广泛吸引学生参与，鼓励他们相互促进，主动学习，与同龄人合作，以最终取得学业上的成功。

书中的一些教学活动并非新创，而是我们之前设计或命名的（鉴于这些教学活动已经备受教师欢迎并被广泛运用于中小学课堂上，我们特意将其纳入本书）。尽管如此，本书依然具有很多创新之处，比如提供了适用于全纳课堂

① 职前教师（preservice teacher）：在美国，职前教师是指尚未毕业，但已经在学校里实习的大学生。这些大学生毕业后通常会走上教师岗位。实习时，他们在帮带教师的指导下逐渐承担更多的课堂管理和教学职责，检验和实践他们在课堂上学到的教学策略与教学理念。类似于我们所说的“实习教师”。

的信息或想法，包含了与学习障碍者（特别是身患严重残疾的学习者）相关的教学案例，同时针对典型课堂教学活动设计提出了具体建议，而这些是其他与主动学习、差异化教学或通用课程设计相关的文本所没有的。换句话说，本书关注全纳课堂，为在学习和智力、身体和感官方面有不同需求的学生提供了独特的建议，同时还介绍了适合学生全员参与的，或经典怀旧或新颖独特的教学活动以及活动参与方式。

如何使用本书

本书中的教学活动显然是为那些在能力、需求、语言、文化或学习背景上与普通学生有巨大差异的班级专门设计的，或者至少非常适用于这样的班级。我们希望通过编写本书能推广这样一种理念：即使学生之间存在巨大的差异，也可以并且应该合作学习。

本书的组织架构

本书在引言部分探讨了全纳教育、差异化教学和主动学习之间的关系（或应有的关联），接下来的五章分别描述了60种适用于中小学生的教学活动设计。在最后的注释部分，我们反思了快乐学习的本质，并就如何在课堂上孕育快乐学习提出了一些建议。

为方便读者快速找到符合自己教学目的的教学活动，我们试着对这些教学活动进行了逻辑分类。但是，我们相信这些类别之间并不相互排斥，很多活动具有多种用途。因此，章节标题只用作阅读指南。各章的具体内容如下：

第一章　建立团队和教室社区 本章介绍了一些教学手段，旨在帮助教师建立学习社区和团队，帮助学生建立关系，促进学生之间互帮互助、互相聆听与分享。

第二章　教与学 本章中的教学活动简单易懂、生动有趣且引人入胜，有助于各年龄段学生学习课程标准规定的内容。大量的教学活动创意还有助于学生识记信息、互相学习并深挖课程内容。

第三章　学习与复习 在学生独自或与小组成员共同复习考试或巩固已学内容时，教师可利用本章中的学习与复习活动为其提供指导。

第四章　让课堂活跃起来 每个教师都要在教学日的某个时段进行全班教学和讲座式授课，但这种授课不必非得一本正经、枯燥无味。利用本章中列出的教学活动，教师们可以吸引所有学生参与课堂教学，包括那些想要更活跃或个性化教学的学生。

第五章　评估与庆祝 本章教学活动为教师提供多种在学生中推行主动学习方法的选择，有助于评估学生对知识的理解情况，鼓励学生进行教学和分享并庆祝他们取得进步。

每章都包含12个教学活动。每个活动都附有详细的活动步骤、课堂实践教学案例以及最大限度地提高学生课堂参与度的方法。一些活动还附有实施建议以及对其进行拓展或改造的想法。我们鼓励教师记录其组织实施教学活动的过程，然后思考以下问题：

· 学生能否理解我的意图？

· 学生能否开展活动？是否需要改变一下活动的组织方式或对活动进行说明？

· 所有学生都参与进来了吗？

· 为最大限度地提高特定学生的参与度，还需要做哪些改动？

· 如果与其他成人合作，作为一个团队我们怎样才能更有效地促进或指导学生学习？

· 我还可以将该策略用在教学的哪些方面？

如何利用教学活动

本书最适合普通教育工作者和专业人士（比如特殊教育工作者、英语语言教育者、作业治疗师、言语治疗师、物理治疗师）在合作制订教学计划时使用。我们建议负责同一批学生的教学团队的所有成员都熟悉书中所包含的教学活动和相关活动步骤。在研究中，我们发现，当教学团队的成员使用相同的语言并理解相同的教学手段时，他们合作制订差异化教学计划的速度更快。如果教学团队的成员能够定期会面（每周或每两周一次）并确定学生需要学习的重点内容以及改善组织学生学习的方法，则可以有效地帮助那些在学习方面与常人有异的学生。如果教学组所有成员都熟悉本书中的教学活动，那么他们完全可以利用这些教学活动吸引那些让所有教育者都感到非常棘手的学生。

通过组织书中的教学活动，教师还可有效建立合作伙伴关系，找到可靠的教学合作伙伴。在职前教师教育课程中，我们经常建议如果特殊教育工作者或治疗师想开展合作教学或进一步发展全纳教育模式，那么他们需要证明主动合作学习的教学策略是通往普通教育课堂的一条路径。

虽然普通教育工作者似乎不太热衷于改变课程设置或教学，但如果我们主动向他们推荐传统教学之外的教学法并对这些教学法进行建模，他们受到启发后也能做出改变。以此，我们想说明的是，学校里所有成年人都应该能够参与和设计教学，不能只要求普通教育工作者承担新角色，做出改变。

阐明这些教学活动对教学团队的重要性之后，现在我们可以转向另一组重要的教育者：学生。我们强烈地感受到，作为教育工作者，我们正在为一些教学手段建模，而且我们希望自己的学生能够实践这些教学手段并充实他们的教学资源。有时候，可能更适合由一个或一组学生来引导课堂讨论、做课堂汇报或展示个人的研究成果，此时采用这些手段有助于活跃气氛，为学生提供另外一个培养技能和发展能力的舞台。

本书亦可为管理人员阅读使用。如果你是中小学校长、大学系主任甚至教育局局长，则可以在开会时或者员工拓展训练中组织这些活动。教师也是学习者，所以如果能采用一些手段成功吸引“学生”的注意力并激发他们的兴趣，也会极大地提高他们的参会程度和参会质量。此外，在工作中实践主动合作学习的教学策略是对主动合作学习最好的宣传。例如，一位中学校长要求本校教职员工参加了暑期员工拓展项目中的“团队简历”活动（见正文第018页）。该活动将各年级、各专业领域的教师混编成不同的小组，然后要求他们在大张活页纸上制作小组简历。对于教师而言，这是一个了解彼此的技能和能力的机会。最终，教师们得以在诸如合作学习、翻转课堂、课堂会议、全校服务学习计划制订等一系列专题上互相帮助。这些简历随后被张贴在会议室四周的墙上，用作下一项活动的基础材料，而接下来的活动是制订向同事学习的行动计划。

最后，本书还可用作专业进修工具。作为本书作者，我们曾经接到无数学区和组织的邀请，希望我们能与特定的教学团队、整所学校或整个学区一道学习这些教学活动并将这些活动整合到他们的日常实践中。教育一直被认为是天底下最孤独的职业之一。更不幸的是，在一些学校里，教师在课堂上尝试创新还要面临重重风险。我们相信，这世上本没有路，走的人多了，也便有了路。学校应该支持和表扬在课堂上发挥创造力的行为。在一个健康的机构中，机构成员通过合作共享新知，创新实践。促进学校文化也实现同样转变的方法之一就是启动专业进修，其中要重点关注主动合作学习的教学活动的应用，以此实现教学的差异性或启发课程通用设计方面的灵感。

这种进修可以像读书学习小组一样简单随性，也可以像正式的行动研究项目一样严整有序。我们之前合作过的一些学校曾经安排对本书内容感兴趣的教师每周或每两周碰面一次，阅读和讨论书中的内容。各组教师会选择他们感兴趣的教学活动，然后每周组织一两个活动。等再次碰面时，他们会相互分享各自的成功之处和遇到的挑战。这种非正式的碰面还使教育工作者有时间讨论学生的进步和顾虑，同时还能在利用这些教学活动的过程中集思广益，产生新的教学方法、辅学方法以及挑战所有学生的方法。

准备开始：活动实施建议

在单元或课程教学计划中设置这些教学活动时，教师心中要时刻牢记目标学生群体。如果能在教学设计中首先想到学生，同时发现他们的能力、偏好和天分，就能有效催生教学的差异性。在授课过程中，为满足学生的需求，培养他们的技能，同时为他们创造机会实现个别化教育计划（IEP，Individualized Education Program，指运用专业团队合作方式，针对身心障碍学生的个别特性所拟定的特殊教育及相关服务计划）中所设定的社交和学业目标，教师可以根据教学内容选用合适的教学活动。例如，假如某个学生有学习障碍，需要背诵很久才能记住知识，而他的个别化教育计划目标是改述课文中的重要概念，那么教师可以选用“爆米花”活动（见正文第139页）带领学生复习。该活动要求学生用自己的语言总结学习内容，然后向不同的学习伙伴分别讲解或与之分享同样的内容。通过活动，教学团队可以为存在学习障碍的学生搭建一个平台，帮助他们实现相应的社交和学业目标。

记住，本书中列出的教学活动既可单独使用也可“混搭”。“混搭”使用时，它们能带来新奇的课堂体验。例如，通过“爆米花”活动让学生谈论了学习内容之后，教师可以组织“鞭策”活动（见正文第220页）找出每个学生在访谈过程中从同学那里学到的一件事。或者利用“请从我的角度思考！”活动（见正文第229页）征集了学生对某个话题的观点或印象之后，再组织“起立作答”活动（见正文第207页），让学生们说一说他们从互动中学到的一件事。

广泛适用教学活动：对教学活动的改造和讲授建议

本书中的教学活动并非针对某个特定的学科或年级。

书中虽然提供了教学活动的实施案例，但这些案例未必能映射出所有教师的教学体验。因此，我们鼓励教师创新。鉴于这些教学活动适用于各学科、各年龄段的学生，所以如果想要它们既适用于自己所教的年级，又适用于独特的学生群体，教师必须对其进行编辑、调整和完善。

书中提出的对教学活动进行改编或改造的建议只是用作示例来说明如何针对不同类型的学习者调整某些活动，因此并不全面。通过这些建议，我们更想表达的是：教师有必要对某些教学活动进行改造。换句话说，我们希望传递这样一个信息：一名优秀的教师应该为所有学生考虑，对课程进行改造，同时进行差异化和个性化教学设计。此外，我们也在努力证明，虽然拓展或改造某个教学活动的最初目的是满足某个或某组学生的需求，但结果却常常是让课程对所有学生而言变得更广泛实用，互动性也更强。表0.1中介绍了一些简单快捷的方法，供教师在组织主动合作学习的教学活动时为学生打造个性化或通用学习体验。在每个活动的“最大限度地提高学生参与度的方法”部分，我们提出了更多想法。

为更好地满足所有学习者的需求，我们建议教师练习、练习、再练习，要避免在尚未熟悉的情况下或仅在课程伊始组织这些活动。大多数情况下，这些活动是用来辅助日常教学的，但如能经常组织，它们会极大地提高学生的课堂参与度，增强他们的学习自主性。因此，教师可以试着先组织一次活动，然后改进其中的不足，之后再进行尝试，如此循环。

表 0.1　主动合作学习：打造个性化和通用课程设计的简单快捷之法
· 你的老师组织了哪项活动？
· 邀请治疗师、专业人员助手，或其他教师、志愿者进入课堂，协助教师开展活动，同时为学生提供更多来自成人的帮助。
· 提前介绍活动步骤或复习相关内容（预教）。
· 先利用学生熟悉的、不甚复杂或低阶难度的内容教会学生如何参与活动，帮助他们了解活动的参与过程，之后再引入高阶难度的内容组织活动。
· 允许所有学生或一部分学生提前练习，或者对活动过程进行录像，让学习者观摩。
· 允许学生在活动中使用提示卡并预习活动资料，或者让学生使用手机或平板电脑搜寻所需资料、视频或寻求其他帮助。
· 允许学生在活动中扮演不同角色；如果学习小组中的大部分学生都在交谈，那么可以让一两个学生记录下他们所听到的回答或者充当小组活动的引导者。
· 要求或允许所有学生使用增强或替代性沟通系统 (AAC)。比如在小组分享活动中，让学生自己选择口头作答还是书面作答。
· 在活动中为学生提供各种选项（比如让学生自己选择是否交换学习伙伴）。
· 在学生回答问题之前，给学生留足“等待时间”或“思考时间”。
· 在介绍活动步骤时或在具体教学中，使用多种表达手段（比如图片和文字）。
· 请学生帮着一起备课，让学生在主导教学活动、提出问题或生成教学内容，甚至互帮互助等方面发挥积极作用。
· 为学生提供书写或表达工具，包括纸笔、笔记本电脑和平板电脑。

记住，在此过程中，教师可能需要将活动分解为多个步骤并花些时间介绍活动的参与方式，这对于学习困难的学生或难以接受改变或创新的学生而言尤其重要。对活动步骤，要指令明确；对活动规则以及活动中的社交要求，要讲授清楚，以便学生顺利完成小组活动（例如共享材料，解释其他同学的话，表达观点等）。

此外，教师还需向学生解释为什么这么做以及这么做与课程内容有什么关系。为更好地满足学生的需求，每次活动结束时，教师要留出时间与学生一起总结哪里做得不错，哪里还需要再改进。教师甚至可以要求学生对活动进行反思，然后收集书面反馈。表 0.2 是一张学生反思表，可用于小学中高年级和初中，还可在大群组的意见反馈环节或与年幼孩子个别交谈时使用。

表 0.2 学生反馈

主动合作学习的教学活动
姓名：________________________
你的老师组织了哪项活动？ ________________________
通过这项活动，老师或教授复习了哪些内容（例如：分数、英语词汇）？ ________________________
这项活动有什么难点或具有挑战性的地方？ ________________________ ________________________ ________________________
参与这项活动，你学到了什么？尽可能详述。 ________________________ ________________________ ________________________
你希望老师今后再组织这项活动吗？为什么？ ________________________ ________________________ ________________________ ________________________

刚开始，学生可能会抵触主动合作学习的教学活动，特别是，如果过去没有参与过此类活动的话，他们会表现

出更加强烈的抵触情绪。这是学习中的自然现象。待学生熟悉了一些教学活动之后，我们鼓励教师在教学过程中尽可能地征求他们的意见，并将其融入后续的课程中。这样做会增强学生的学习动力和参与活动的意愿。

最后，请务必在课堂上享受这个全新而快乐的教学过程。

引言

以主动合作学习促进全纳教育

有一次，我们去访问一个家长倡议小组，其间与一名儿子患有唐氏综合征的母亲进行了交谈。她的儿子布莱恩曾就读于一所全纳中学并且在学校能够完整地参与课堂学习。家人都很难相信布莱恩在学校能接受如此全面的教育。这位母亲解释说，布莱恩在上课过程中总是能够积极提问和回答问题，有效参与小组合作，完成作业，领导班级会议，每年也能参加科学博览会和学校的音乐会，表演节目，并且还能与班上的健康学生建立良好的社会关系。后来，他们一家人搬到了镇子的另一端，布莱恩也进入了另一所全纳中学。

但是，搬家之后情况就变了，这个小伙子对学校的兴趣减弱了。虽然新学校与之前的学校位于同一个区，学生人数也与之前差不多，但它秉持比较传统的教育理念。在大班授课时，教师更愿意看到学生长时间地坐在课桌前学习，也希望他们在学习中能更加独立。对此，校长解释道：尽管学校坚决支持全纳教育，但他们仅向那些“能接受得了”的学生推荐全纳教育。这所学校“比较重视”学习，老师们的教学方式较为传统，因为这样才能“讲授所有知识”。慢慢地，布莱恩开始跟不上班了。不久之后，老师们都建议他退班。布莱恩对学校的态度变了，对写作业有了抵触情绪，早晨不愿意起床，甚至不去上学。

不幸的是，这位母亲描述的情况太普遍了。在某种情况下，她的儿子会学习，能实现个人目标，也能被有效地接纳，但换到另外一种情况，他似乎又无法接受普通教育课程和教学。作为全纳教育领域的研究人员和教师教育者，我们一直关注为什么学生在不同的课堂上会有如此迥异的境遇。在与全国各地的教育工作者合作的过程中，我们试着研究了哪些情况、做法和方法能够有效地促进学习需求各异的学生参与课堂教学。

通过观察，我们发现学生跟不上班并不是因为学不会，而是因为接受不了当下的教学方式。太多时候，我们希望学生改变，希望他们在失败后或跟不上班时能主动退出。而通常在这种时候，我们更应该检查课堂本身，审视我们的教学方法和课程设置，评估我们用以帮助、吸引、回应和挑战每个学生的方式。换句话说，我们应该时刻遵循全纳教育的关键原则。

什么是全纳教育?

乌德瓦里·索尔纳和萨泽德将全纳教育定义为“一种基于价值的实践，旨在将所有学生（包括残疾学生）纳入当地的学校教育中”。作为学校改革工作的一个补充，全纳教育呼吁对当前学校、教学和课堂文化进行批判，鼓励管理者、学生家长和教育工作者质疑和重塑传统的教学范式，并倡导在实践中重视和鼓励学生参与学习（教室）社区。经过40多年的发展，这种渐进式教育运动目前已经形成主要的实践原则与宗旨。具体而言，在全纳学校中，应消除教学中孤立或隔离学习表现异于常人的学生的做法。此外，我们还应注意到，辅学服务正在进入普通教育的课堂，在普通教育环境中，辅学人员正在成为教学团队中不可或缺的成员。在日常课堂实践中，更重要的是，全纳学校中的特殊教育工作者和普通教育工作者（适当时还应包括治疗师、英语语言教师、拓展课程的推动者和阅读专家）应本着辅助教室里所有学生学习的目的合作设置课程和设计教学。

什么是差异化教学？

学者们和实践者们用各种术语来描述差异化以及用以满足不同学习者需求的课程设计、教学设计和测评设计。1995年，乌德瓦里·索尔纳提出了一种反思性决策模型用于反思课堂教学实践，并用此模型创建了后来被称为“课程改造”的内容，用以更好地接纳所有学生。奥伊勒使用“可及性教学”一词描述教学中采用民主，打造富于挑战性的学习经历的做法。同一时期，罗丝和梅尔向教育工作者介绍了通用学习设计模型。该模型侧重于教学计划的三个不同方面：参与方法、行动和表达方法以及呈现方法。乌德瓦里·索尔纳及其同事提出名为“通用设计过程”（Universal Design Process）的差异化框架，拓展了上述模型。该框架要求提前确定学习内容、学习过程和学习结果，以便于在教学设计之初考虑灵活多样的教学方法。

20世纪90年代中期，汤姆林森在她的开创性著作《多元能力课堂中的差异教学》中提出过相似的想法和办法。也正是因为这部著作，差异化教学得以普及。很快，研究人员、教育工作者和学校领导便开始使用此术语统称那些旨在吸引、教育和挑战广大学习者的方法。汤姆林森将差异化具体地定义为：

差异化教学最基本的含义是“重建”课堂上所发生的事情，为学生提供多种选择以获取信息、理解思想并表达所学的知识。换句话说，差异化课堂为获取内容、加工或理解各种思想以及产出成果提供了不同的途径。

我们很喜欢汤姆林森的定义，因为该定义让教育工作者不再将课程改革仅仅视为一件与残疾有关的事情。它揭开了差异化概念的神秘面纱，让改变课堂不再那么可怕，而是更加“可行”。与此同时，我们也受到了启发，尝试对汤姆林森的定义进行扩展。在我们的职业生涯中，我们要求教育工作者阐明指导他们开展全纳教育的影响因素和理念。当被问及他们的做法时，教师们交出了五花八门的答卷，解释何为“满足所有学习者的需求”。通过与他们对话，我们构建了以下定义：

差异化要求教师要有尊重个体的意愿。这是一种自觉批判行为，教师因此会自问要教什么内容，为什么要教这些内容以及希望学生怎么学。教师不仅要关注课程、教学和测评，还要兼顾教学的相关性和意义，尊重学生个体。学生的个体需求、成长经历和兴趣会影响学习经历的设计。课堂上存在差异性不是问题，而是变革必需的催化剂，这些变革将改善针对全班学生的整体教学效果。

与汤姆林森的定义一样，该定义本质上强调教师要仔细研究并重新考虑教学过程。具体而言，教师应该关注怎样理解学生，怎样与学生互动以及学生怎么学。学生感觉自己是在输出信息，还是仅仅被灌输信息？他们有没有机会展示自己的知识和能力？他们是否在乎自己正在学什么？他们每天的学习经历有趣吗，或者至少令他本人满意吗？这些问题促使教师将注意力转向通过主动合作学习进行差异化教学。

大多数差异化教学模型或课程改造模型的核心要义是某种形式的主动学习或合作学习。当然，教师还应经常使用其他差异化教学手法，比如合作教学，灵活分组，使用多层次多感官的教学材料，调整期望值和目标以及采用专门针对学生的教学策略等。但我们发现，当教师自觉运用主动合作学习的教学方法时，很多通向普通教育课程和教学的道路都被打通了，从而使得其他辅学手段、教学材料和教学方法都变得不必要了。

什么是主动学习和合作学习?

学习不是用来观赏的。仅凭坐在教室里机械听讲或死记硬背，学生是学不到知识的。他们必须将所学的内容说出来，写下来，与过去的学习经历联系起来，并将其应用到日常生活中去。他们必须真正地理解所学内容。

上述的奇克林和加姆森的话抓住了动态学习和互动学习的重要性。主动合作的课程形式可以替代由教师主导的全班教学及其他传统教学方法。主动合作的教学策略以多种方式和方法吸引和鼓励学生表达所掌握的知识，从而深刻而建设性地影响他们的学习过程。此外，我们相信利用主动合作方法还可以提高学生的尊严，增强他们的自主性，促进他们自我管理，培养他们的学习社区意识以及增强师生在课堂中的活力和主动合作意识，从而获得积极的教学效果。我们认为这样的教学效果对全纳课堂的成功至关重要，因此我们也一直致力于促成这样的效果。在本书中，我们使用“主动合作学习”这一术语来描述所有主要的教学活动，因为它们包含了两种教学方式（主动学习和合作学习）的要素。

主动学习

主动学习是将学生置于教学的中心，并为学生创造各种解决问题、探索实践、实验尝试和创造发明的机会。在倡导主动学习的课堂上，学生经常可以在座位间走动，与其他同学分享交流或合作。他们时而坐在座位上，时而离开座位。他们可以运用一系列素材，还可以大声交谈，大声地说出自己的想法以吸引其他同学加入。从本质上讲，只要不是被动机械地听讲，学生在课堂上所做的任何事情都可以被视为主动学习。它既包括帮助学生理解信息的聆听练习，也包括线上考查形式的虚拟学习、微信视频对话或线上采访；既包括学生根据讲课材料所做的简短的写作练习，也包括用于复习和介绍学习内容的小游戏；既包括让学生在学习小组中运用课程材料进行的复杂练习，也包括真实或仿真情境或过去的经历。

合作学习

合作学习可以被视为主动学习类别下的一个子集。鉴于许多主动学习策略都可独立运用，合作学习在本质上是主动的，因为它要求个体与他人通过互动解决问题、练习技能或共同产出作品。在合作学习过程中，学生成对或成组互动，每个学生的能力和贡献都得到展示。通常，小组成员对小组活动和活动结果共享权利，共担责任。因此，合作学习涵盖了所有基于小组的教学方法。在这些方法中，学生需要通过合作实现共同的目标。

合作学习要求学生之间展开讨论，因此它改变了课堂动态。在成人向学生解释重点学习内容之前，学生首先要对课程提出疑问，探究课程对其自身的意义。在合作学习的过程中，学生有很多机会去组织、阐明、详述或运用信息，而聆听、质疑和表达观点与“正确答案”同等重要。此外，在鼓励合作学习意识的课堂中，学生不是被动地接受说教，而是积极地参与学习过程。

为什么使用主动合作学习?

历史上很多备受尊重的教育家都曾提倡和赞美主动合作学习法，其中包括苏格拉底、布克·华盛顿、约翰·杜威、保罗·弗莱雷、玛丽亚·蒙特梭利以及最近的霍华德·加德纳。然而，美国的许多学校目前主要还是采用因循被动学习法。教师要求学生在课桌前久坐，通过弗莱雷所称的“银行储蓄式教育”来教学。应用此种方法，教师只管讲，学生只管学；教师无所不知，学生一无所知；教师主动思考，学生被动接受；教师负责做决定，学生只能配合；教师是学习主体，而学生则是学习对象。

弗莱雷不提倡“银行储蓄式教育”，认为其缺少人性化。他呼吁采用不同的学习方法，提倡以学生为中心的相关课程，主张多元文化、民主和动态教学法以及安全、宽容、细腻和活跃的学习环境，认为教育应该讲求合作，师生应该共同参与教学过程。此外，他还坚持认为学习不是死记硬背，而是与他人互动、对话以及合作解决问题的过程。

理解理论

弗莱雷相信主动合作学习的力量，而且他的理由很充分。主动学习和合作学习扎根于许多基础社会学习理论并被这些理论所支持，而这些理论对教育而言很重要。为了说明这一点，请思考学生在参与下面这个“分类、归类和组织”活动（见正文第111页）时所涉及的理论：

针对可以归类为两组以上的概念（比如不同的动物物种、各种词性或建筑类型）或可以有序排列的概念（例如通过组合可以得到各种方程式和答案的数字题和数学运算、有丝分裂的不同阶段或故事中事件发生的顺序），教师制作便签、纸条、图片或提供相关实物。

如果活动目标是让学生进行信息归类，那么要给每个学生都发一张卡片或一个物品，该卡片或物品至少可以归入某一类（组）。学生须在室内四处走动，查看其他班级成员的卡片或物品，以找到其他持有相关概念的同学。

在学生确认已经将自己正确分类之后，教师会给各组留出很短的时间确定本组成员所持信息之间的关联，然后让他们向全班同学汇报本组的发现。如果小组成员还了解卡片之外的新知识或相关知识，也可以在汇报中加入此类内容。

在学生解决问题的过程中，教师要倾听并观察他们之间的互动，评估他们的背景知识，以及理解概念和使用学术语言的情况。只有在各组均完成汇报之后，教师才能通过提问、纠正误解、强化观点或阐释关键概念等方式向学生输入信息。通过观察学生在活动中的表现，教师可以获得重要信息以评估他们在理解方面的差距，了解他们对学习内容的掌握程度，同时确定他们是否已经扎实地掌握了学习内容，准备好更深入地学习或将其应用于其他目的了。

在五年级课本中的社会科学综合实践单元，教师用

“分类、归类和组织”活动来介绍主要概念，同时评估学生的背景知识储备。为实现活动目的，普通教育教师和特殊教育教师们准备了各种图片和实物——包括纸张、购物袋、垃圾邮件、罐头瓶、塑料瓶、油漆容器、玩具、聚苯乙烯泡沫塑料和能源（如电力、化石燃料）等，分别代表材料、产品和能源。这些材料、产品和能源的用途可归类为环境保护中的“三R”——减少使用（reduce）、重复利用（reuse）和回收利用（recycle）。活动开始后，教师先是要求学生将自己合理归类。学生们按“相似物品”的逻辑自觉分组（即手持纸制品、玻璃制品和能源等物品的学生分别聚拢到不同的组中）。然后，教师要求学生根据物品是否可以减少使用、重复利用或回收利用再次对自己进行归类。因为许多物品可以被归入多个类别，这个任务因此变得非常具有挑战性。教师此时可以为学生留出充足的考虑时间，直到他们对自己所属的类别表示满意并能合理地解释自己的决定。

尽管大多数学生的学习目标是比较和对照各种物品的可回收性，但因为海登患有自闭症，他的学习目标是交流与识字。他分到的图片上画有一个牛奶容器，配有“牛奶”一词。在活动中，他要读出“牛奶”一词，然后走向其他同学，对比他们所持的图片或物品，找到匹配物。一个同学持有与海登相同的图片，另一个同学则有一个牛奶纸箱。因为素材相似，这两个同学在归类过程中积极地寻找海登，与他对比图片，向他提问并与他互动。

从理论视角看这项活动，我们会发现其包含以下社会学习原则：

社会建构主义

该理论的要义之一是知识或人类理解自我经历和现实的方式并非简单地构建，而是在人际关系中通过语言和文化框架共建。在上述教学案例中，教师鼓励和要求学生使用社会话语表达学术信息的含义，而后者必须带着目的寻找他人以进行比较、判断和分析。这样，学生与其他班级成员的每次互动都会揭示出新观念和新认识，从而得以积累在独特的社会环境中通过合作产生的知识。另外，在信息交换的过程中，学习者有很多机会与能力更强的同伴互动并向他们学习，这体现了维果茨基所定义的近端发展区。

社会学习理论

社会学习理论强调，个体通过观察他人、参与社交和学术互动可以发展新的、更加复杂的行为和智力。“分类、归类和组织”活动为个体打造了一个平台，供其观察其他小组成员在解决问题时所使用的语言和行为。这个理论通过一些模型展示了学生应有的态度、对问题的反应以及更高水平的思维能力。由于学生必须先整合知识和信息，之后才能将其传递给其他参与者，因此这也是一个排练或练习新行为的过程。

社会依存理论

当个体的学习效果受到他人行为影响时，会导致社会依存的出现。在上述合作学习策略背景下发生的互动要求能够同时促进积极的社会依存。要参与活动并最终取得成功，学生就不能闭门造车，而是要与其他同学分享知识并找到卡片内容上的关联，最终推动整个小组实现共同目标（即将所有成员的贡献整合起来构成一个有意义的类别）。

社会正义原则

在该教学案例中，学生在学习伊始就拥有自主权，处于“已知晓”的位置。他们必须先独自，然后共同利用现有知识发现并真正地理解学习内容，而不是教师先去假设学生没有知识储备或者必须提前学习相关内容。学生不是教学活动的被动接受者，而是具有学习动力的主动参与者。教与学的关系得到了调整——它首先是学生之间的对话，然后才是学生与教师之间的对话。在学生发现新模式和新观念的过程中，教师能够感知到他们与学生之间产生了对话。在与教师一起传递相关概念时，学生与教师的角色平等。这一过程可提高教学中的自发性并确保教师不会将教学时间直接浪费在教授学生已经知晓或可以自主习得的内容上。

理解实践

各层次的学校教育研究表明，如果学生具有学习动力并且在学习过程中有发言、聆听、分享、互动、反思和实践的机会，他们能学会和记住更多的知识。基于对传统讲座式授课范式下学生学习效果的种种担忧，许多早期研究都是围绕高等教育中的主动合作学习展开的。我们时常会面临来自教师的抵制，特别是高中教师，因为他们担心主动合作学习策略无助于学生为高等教育阶段的期望做好准备，采用这种策略的效果会适得其反。但下面的研究样本表明，情况恰恰相反——我们在高等教育层次展开主动合作学习，必然会促进我们在其他各个教育层次的工作。

在一项著名的关于主动学习的研究中，鲁尔、休斯和思科劳斯讨论了如果教师在课堂上不断地为学生创造机会帮助他们理解学习内容，会发生什么。在研究中，两组大学生以不同的方式接受了相同的教学内容。在实验组中，学生共接受了5讲授课，每讲中都会暂停休息3次，每次休息两分钟（两次停顿之间的间隔约为15分钟）。在休息期间，学生们可以两两一组讨论和修改笔记，教师与学生之间无互动。每讲结束时，教师会给学生留出3分钟时间写下他们在课上记住的所有知识点。在最后一讲结束12天之后，学生要参加一项多项选择题测试，以检测他们的长时记忆情况。在对照组中，学生同样也接受了5讲授课，但在上课期间没有暂停休息，不能与其他同学交谈。结课12天后，他们也接受了类似的测试。经过两个学期的重复，这项研究得出了一致且具有说服力的结果：在日常测评和最后的多项选择题测试中，那些互动更多并且在学习过程中参与度更高的学生表现明显更好。实际上，两组学生的平均分之间存在两个字母级的差距。因此，这项研究表明，如果教师能少说几句（比上述研究少6分钟），学生就可以多学一些！这一发现与人们的认知相反，因为许多教师认为讲的内容越多，越能促进学生的学习。

另一项研究是针对医学院的教授们进行的。它质疑了教学中一个常见的误解。教师就同一主题准备了3场不同的讲座：一场被认为是“高密度”，一场被认为是“中密度”，另外还有一场被认为是“低密度”。高密度讲座的含新率（即所含新信息或新知识的比率）为90%，中密度讲座的含新率为70%，而低密度讲座的含新率为50%。在讲座中，教师不提供新资料，而是通过反复强调重要概念、突出材料的重要性、根据课程内容举例以及将课程与学生的生活和经历相联系等方式来强化课程目标。在整个学习过程中，学习者会接受（a）前测（结果显示，学习者在知识储备上没有显著差异），（b）讲座结束后立即进行的后测，以及（c）15天后不提前通知的后测。

统计结果清楚地表明，当新信息（知识）的密度较低时，学生可以更好地学习和记忆知识。也就是说，学生在给定时间内可以学到的新知识数量是有限的。超过这个限度，教师无法达到教学目的。换句话说，我们建议教师在授课过程中只为学生讲解一些重要知识（信息），而利用剩下的时间开展旨在增强学生思维能力的教学活动。

除了开展分段教学，允许学生处理信息，在教学中拆分学习材料等，还有其他因素会影响高等教育阶段的学生学习吗？答案是肯定的。合作貌似是个关键词。在由国家科学基金会①资助的一个项目中，斯普林格、斯坦和多诺万通过回顾数百项研究，综合分析了大学科学、技术、工程学和数学（STEM）课程中的合作教学对学生学习效果的影响。该研究项目备受赞誉。促成这项研究的是美国科学促进会②发布的一项报告。该报告指出，在科学界，各领域专业人士之间的工作不是孤立的，在各个层次上都有必要进行合作。以传统讲座式教学方法为主的教学引发如下忧虑——教育领域的专业人士对于通过合作解决现实问题会准备不足。因此，有人呼吁要在全国学校的课堂上经常开展小组合作活动。由斯普林格及其同事所做的综合分析表明，小组学习对本科生在大学科学、技术、工程学和

① 国家科学基金会（National Science Foundation）：美国国家科学基金会成立于1950年，是美国独立的联邦机构，相当于中国国家自然科学基金委员会。其任务是通过对基础科学研究计划的资助，改进科学教育，发展科学信息和增进国际科学合作等办法促进美国科学的发展。

② 美国科学促进会（American Association for the Advancement of Science, AAAS）：成立于1848年，是世界上最大的科学和工程学协会的联合体，也是最大的非营利性国际科技组织，下设21个专业分会，涉及的学科包括数学、物理、化学、天文、地理、生物等自然科学和社会科学。

数学课程中的学习成绩和学习持续性具有显著积极的影响。与没有开展合作学习的学生相比，开展小组学习的学生对课程的态度更为积极。学习成果变量（包括成绩等级和考试分数）表明，教学上的改变或许能将学生的课程成绩从第50个百分位提高到第70个百分位。在学习持续性方面，开展小组学习和合作学习可以减少22%的课堂损耗。参与小组教学也能积极地影响学生对自身能力的认知和对学习主题的态度。通常，学生会更喜欢自己的课程，从而保证了他们的出勤率和对学习的投入。

最后，在迄今为止针对本科大学科学、技术、工程学和数学教育所做的最大最全面的综合分析中，弗里曼及其同事通过分析225项研究检验了这样一个伪命题：讲座式授课能将学生的学习表现和课程实施效果最大化。结果表明，主动学习可以提高考试成绩，将学生的平均成绩提高半个字母级（比如从B提高到B+）。此外，传统授课的失败率比主动学习的失败率高55%。该分析佐证了以下理论：摒弃传统的讲座式授课，转而采用主动学习法，在一定程度上能够帮助更多学生获得和持有大学科学、技术、工程学和数学学位。

上述4项研究表明，当教师抵制以学生为中心的互动式教学方法时，他们其实正在与教学目标背道而驰。曾经有不止一位教师告诉我们，因为规定的教学任务量太重，完成标准过于严苛，他们没有时间在学生中开展主动学习。其实，对于这些教师而言，为了让学生学会、记住并应用大量的事实、图形、观点和概念，他们恰恰应该在教学中推行主动学习。

即使是最好、最风趣幽默的讲师也只能在讲座刚开始的15～20分钟内吸引听众的注意力。这一点在一项著名的研究中得到了印证。这项关于信息保持的研究由哈特利和戴维斯完成。研究结果表明，讲座结束后，学生能立即回忆起开始10分钟内容的70%左右，最后10分钟内容的20%左右。大脑研究显示，人们对外部信源的持续高度关注只能持续最长10分钟，这进一步佐证了上述发现。威利斯指出，为了吸引学生的注意力，要有意识地将状态变化纳入教学，这一点很重要。任何能引起学生思想、感觉或生理变化的变化都可以被称为状态变化。神经科学还告诉我们，人体每天都需要随时随地休息5～20分钟以放松身心，让大脑保持学习状态。换句话说，一场讲座必须能让学习者理解，必须能吸引学习者参与或记住讲座内容，才算是一场好讲座。

综述

我们认为，本书中介绍的主动合作学习策略为教师提供了工具，使他们可以为学生设置信息处理时间和学习休息时间，同时为学生提供了深刻记忆或“从大脑中下载”学习资料的机会。此外，这些教学活动还有助于创建一种构建新知和培养技能所必需的社会文化，而新知识和技能对于促进学生的学习至关重要。

当然，主动学习的教学方式不仅能改善教学（尽管它能非常显著地改善教与学），还能让教师从主动合作的课堂教学中受益。教育工作者经常抱怨（而且理由很充分）没有机会观察学生或者与学生单独相处，每天也听不到教室里“喊喊喳喳”的声音。换句话说，教师觉得，因为太忙于带领学生学习，他们错过了许多有利于提升教学的活动。但是，如果他们采用主动合作学习的教学手段，他们会有更多的机会扮演新角色并承担新职责，他们不用再做“讲台上的圣贤”，而是可以从中解放出来，在主动学习活动的练习中与学生互动、提问和回答问题，给学生个人或小组上微课，甚至退到幕后观察学生，评估他们的学习情况。

除了有益于教学之外，主动合作学习还使得教师和学生在课堂上都更加轻松愉快。教育工作者发现，当习惯了主动学习的学生加入小组活动或开始参与熟悉的游戏或活动时，整个课堂的气氛和感觉都会发生变化，越来越多的学生会参与进来，学生会不停地交流，平时少有的互动也开始了，处处都有笑声，人人都有贡献和学习的机会。

我们编写本书的目标很明确：用于打造更多如前段所述的学习经历。我们希望书中的活动可以帮助教师更好地与所有学生互动并使课堂教学更具有全纳性、辅学性和启发性，当然也更加快乐。

第一章

建立团队和教室社区

这就是我的人生故事！

许多名人都有得天独厚的（或能改变形象的）机会制作自传与众人分享，普通人却连讲出自己故事的机会都没有，而我们认为他们应该有！因此，这个活动为学生创造机会去分享自己的人生故事，从而与其他同学建立新的联系。

活动步骤

※ 首先，学生需要独立完成一项任务：每人拿出一张活页纸，折成四部分，使其形状看起来像本书。

※ 之后，学生在“书”的封面上写下自己故事的标题。为了启发学生的奇思妙想，此时教师可指导他们选用流行小说、歌曲、电影或电视节目名称（比如《我的生命

我的时刻》《乔治的狂野人生》《温迪的〈爱信不信〉生命故事》《橘子郡女孩》）。

※ 引导学生在封面的内页（第 2 页）建立一个自己生活的索引，包括下列内容：

◎ 出生日期和出生地

◎ 家庭信息（比如有几个兄弟姐妹、家里宠物的名字等）

◎ 最喜欢的爱好、运动或兴趣

◎ 最喜欢的名言、短语或笑话

◎ 最激动的时刻

◎ 让自己感觉与众不同的一件事

※ 让学生在第 3 页画一幅图，描绘他们心中完美的一天。

※ 最后，让学生在“书”的封底画一幅图，描绘他们的未来（比如他们未来的家是什么样的、他们会住在哪里，以及会做什么工作等）。

※ 等所有人都完成这本“书”之后，让每位学生都借助“书”来讲一讲自己的故事。如果学生人数较多，此处可分组进行。

※ 条件允许的话，在进行教学活动的当天或那个星

期将学生们做好的“书”放到教室的中心位置以供阅览，进一步促进学生间的相互了解。

教学案例

※ 一位高中法语老师要求高中二年级的学生只用他们在高一时所学的单词来构建故事，然后用迄今为止他们所掌握的法语相互读出自己的故事。该练习不仅有助于在教室里建立学习社区，还可帮助学生复习词汇和提高会话技能。

※ 一位小学老师用了一年的时间，让她的学生们做这种“让我来认识你”的练习。当时她的班上转来一名新学生贝丝。贝丝身患多种残疾。当她妈妈问老师用不用去学校向班上其他学生介绍一下贝丝的才能、优点、成长过程和特殊需要时，这个老师做了一个决定：让班上所有学生都相互介绍一下类似的个人信息，以促进彼此间的了解。她想让贝丝和其他学生都明白班里的每名成员都很特别、都是独一无二的。

她的学生们用了一天的时间收集相关信息，所进行的活动包括采访家人和朋友、从家里收集手工艺品、填写老师提前准备好的调查问卷（用于头脑风暴）等。之后，他们独立（或者如果需要帮助的话，也可以两两一组）完成了“书”的创作。学校的社工也来到教室里帮助学生们表达自我，讲述自己的故事。

在这期间，言语治疗师也教会了贝丝一些与她所创作的“书”相关的手语词汇，之后利用这些手语词汇和其他学生从谷歌图片上找到的一些图片，帮助贝丝回答了所有必要的问题。学生们通过两节语言艺术课分享了各自的作品，提出并回答了与他们人生故事相关的问题。这些“书”后来被放到学校图书馆中展示。

※ 一位高中心理学老师曾利用“这就是我的人生故事！”活动为学生创造机会去分享个人信息，并在课堂上强化了一些概念。他要求学生在自己创作的“书”中提供以下信息：

◎ 全名

◎ 出生地

◎ 家庭信息

◎ 最喜欢的爱好、运动或兴趣

◎ 最喜欢的网页、微博或应用软件

◎ 最感兴趣的心理学家（比如弗洛伊德、皮亚杰、班杜拉等）

他的学生的“书”中还需包括老师组织的一项性格测试的结果。学生可以图解性格测试的结果或对结果进行总结叙述。最后，学生轮流与指定的同伴分享自己的故事。

最大限度地提高学生参与度的方法

※ 教师与学生分享自己的人生故事；向学生展示以自己的家庭、兴趣和梦想为内容的故事书作为示例。如果学生年龄较小，要通过这个活动教会他们多样性、独特性或社区的概念。教师甚至可以邀请其他成年人一同进入课堂，讲述他们的人生故事，这样学生可以看到并听到人们在性别、自我性别认知、家庭结构，以及文化和种族背景等方面的差异。

※ 这项活动非常适合新移民或刚转学来的学生介绍自己、自己的家人和文化时使用。可以让这些学生从家里带来一两件手工制品用于分享人生故事，并进一步说明他们的生活经历。带手工制品或许能够帮到那些与人沟通困难的重度缺陷学生。

※ 有些学生可能需要不同的材料来创作他们的“书”。如果班上有学生无法完成精细动作，那么可以在创作过程中为他们提供橡皮图章、贴纸以及杂志和谷歌图片等。另

外，这些学生也可以借助 PowerPoint 或讲故事的应用程序来构建他们的故事。

※ 在设计题目时，要考虑学生之间的相互了解程度；在一起受教育多年的学生熟悉彼此的基本信息（例如姓名、家庭结构），所以可能更想收集再稍微深入一些的信息，例如最尴尬的时刻、家庭传统或旅行经历等。

幻灯片放映

在过去的几十年里，人们借助放映幻灯片与他人建立联系和分享个人经历。家人、朋友和邻居们聚在一个大屏幕周围，一起欣赏假期、聚会或新生婴儿的照片，边欣赏边发出“哦”“啊”的感叹声。在欣赏照片的过程中，故事得以分享。

今天的学生肯定没有经历过我们所描述的这种幻灯片放映。在他们生活的世界里，分享照片就像拍照一样简单。当然，也不是说教师非要用旋转式幻灯片放映机让学生体验聚集在幻灯片周围共同学习的经历，我们的建议其实是将幻灯片放映带进课堂，鼓励学生用照片讲述自己的故事，并与同龄人建立联系。

活动步骤

※ 让学生带着手机或平板电脑在教室或学校里走动，抓拍下能够代表他们的照片，这些照片可以是他们自己或其他人，也可以是学校里的物品。学生还可以自己创造拍照情景（例如在白板上匆匆写下一个短语）。

※ 对学生所拍照片的数量不做限制。

※ 一段时间过后，请学生回到座位上查看他们抓拍的照片。

※ 让学生从所拍照片中选出最能代表他们的 5 张照片。

※ 最后，让学生与学习伙伴或其他小组成员分享幻灯片内容。最后一步可重复数次，以达到多次分享的目的。

教学案例

※ 一位体育老师要求她所教的中学生制作自己作为运动员的幻灯片。她鼓励学生广泛思考，要求所拍照片能反映他们的健康习惯（比如正在喝水或吃蔬菜的照片）、积极爱好（比如正在滑滑板或跳舞的照片）、新的技能（例如正在做后滚翻或打排球的照片）以及健康成就（比如正

在参加体育团队选拔、跑步或冥想的照片）。

※ 一位英语老师利用“幻灯片放映”在学生中进行“让我认识你”活动，要求学生借助放映幻灯片进行自我介绍。开始时，学生只能用寥寥几张幻灯片介绍自己，但随着学期的推进，他们不断地添加照片并对照片进行编辑，最终均完成了一个10分钟长的人生故事。

最大限度地提高学生参与度的方法

※ 教师创建并放映自己的幻灯片或展示样本幻灯片，帮助学生在活动开始之前了解幻灯片放映的内容和样式。

※ 向学生介绍修图工具、技术和设备，让一些学生觉得这项任务非常有趣或极富挑战性。向学生介绍诸如Lightricks公司的图片处理软件Enlight和Motion One的对焦软件After Focus之类的应用。教师最好能与美术或科技老师合作展示幻灯片，并请后者一起教会学生一些新技能。

※ 在教室里安装几台投影仪，让学生在大屏幕上（或墙上或布告栏上）放映他们的照片，以增加活动的趣味性。

※ 活动开始前，鼓励学生集思广益，要求他们认真思考甚至记下各自的：

◎ 喜好

◎ 兴趣

◎ 性格怪癖

◎ 价值观

◎ 信念

然后，让他们找出哪种类型的照片能捕获上述这些元素并记录下来。

我们的课堂——当下

作为一种在学校中促进社交情感学习的工具，正念练习正引起人们越来越多的关注。简而言之，正念让人们专注于当下的想法和感受。许多学校都已经开设正式的正念练习课程。早期研究证明，教会学生做正念练习有助于提高他们的精力、自我意识和注意力，同时帮助他们减轻压力、管理负面思想以及积极应对挑战。此外，许多正念课程也培养了班级成员的同情心和共情力，促进了彼此间的尊重。

“我们的课堂——当下”活动植根于正念的价值观和实践，旨在增强学生的自我意识，促进他们对当下的觉察以及最终对课堂学习社区的欣赏。它涉及使用正念标签的学生——正念标签是正念练习的一项基本技能，指的是命名观察对象的行为。学生们虽然独自进行正念练习，但同时也可以积极参与正念练习结束之后的评估环节。

活动步骤

※ 在教学日中的某个时段，当课堂活动气氛逐渐安静和放松下来时，教师可向学生介绍和讲解本活动的步骤，并组织学生练习。

※ 如果教师之前没有用过正念练习，那么在介绍本活动时要先向学生解释一下正念是什么，这一点很重要。解释时，所用语言要简单明了，如下例所示：

今天，我们将进行正念练习（询问学生是否了解正念，有没有人正在练习正念，或者能不能用自己的话来解释正念）。正念意味着要有意识地关注当下正在发生的事情，也就是说，不去考虑既往或将来。正念帮助我们觉察和感知周围的事物，例如我们见到的、听到的和闻到的以及我们自身的想法和感受，使我们注意到自己的沮丧、悲伤或生气等情绪，然后让我们冷静下来。它也可以使我们意识到周围发生的美好并感知到自己愉悦的情绪。静心体验当下时刻可以让我们在做事情时更加警觉和专注。下面让我们一起来体验一下。

※ 让学生找到一个舒适的位置坐下。在练习的过程中，一些学生可能觉得坐在地板上、桌子旁边或椅子里会更舒服。

※ 告诉学生，每人都要同时做三次“腹式呼吸”以放松身体。向学生解释一下，腹式呼吸就是吸气时把腹部鼓起，呼气时收回腹部。示范一下腹式呼吸法。

让全班学生闭上双眼，进行三次“腹式呼吸”。

※ 告诉学生睁开眼睛，思考他们所注意到的事物——可以是看到、听到或闻到的某种事物，也可以是某种感觉或情绪。如果他们注意到的是教室里的某种事物，请他们给所注意到的事物命名或简单描述该事物（例如柔软的地毯、红色的水瓶、朱莉的蓝眼睛等）。如果是一种感觉，比如身体感觉，也请给这种感觉起个名字（例如鼻子发痒、脚踝酸痛等）。如果是一种情绪，让学生去感知自己的想法并试着用一个词来形容它（比如快乐、悲伤、愤怒等）。

※ 向学生说明，无论他们注意到的是什么，都要努力去接受——也就是说，不要去想好坏、对错或重要与否。告诉学生，要想做到这一点很难，需要加以练习才能“顺

其自然”。

※ 结束活动时，让学生想一想当下的课堂或周围人身上让他们欣赏的一个地方。

※ 允许学生与学习伙伴或在学习小组内分享这些让他们欣赏的地方。

活动实施建议

最好将此活动用作某些基础正念练习的补充，比如教学生察觉自己的呼吸、放松身体、集中注意力等。教师可以在网上搜索获取可供使用的正念练习的入门资料。

教学案例

※ 每周要结束时，一位八年级老师都会在班会上组织“我们的课堂——当下”活动。他为学生提供贴纸便签，让学生在上面写下他们的感恩之情，然后将这些贴纸便签贴在白板上，这样每个学生在周末之前都能读到这些话语。

※ 在向全班学生讲解完正念的练习过程之后，一位四年级老师鼓励学生们在合作破解数学难题的过程中用正念来觉察当下。开始做题15分钟以后，她让学生停止讨论，然后让各组成员进行如下动作：深呼吸3次，觉察周围环境或他们的感受，然后大声说出他们在那一刻对团队合作的赞赏。对于那些经常因为数学而倍感压力或焦虑的学生而言，这项活动提醒他们要觉察自己的身体状态、深呼吸（当然，深呼吸的方式不必太过夸张），还要欣赏自己的团队。

最大限度地提高学生参与度的方法

※ 拍一段电影。有些学生可能无法想象“当下”意味着什么或者可能只是在学习如何反思自己的思维，可以将正念过程录制成视频，帮助这部分学生理解。任何教育工作者（包括社工、教师等）都可以在视频中“扮演”某个角色或者可以提前教会一部分学生练习正念，并将他们的学习过程拍成视频。因为整个过程都是默声的，演员可以采用有声思维策略，大声说出他们正在观察、感受和注意到的事物，也可借助提示卡或“思想泡泡”剪贴画来交谈。观看这样一段视频无疑会让全班受益。学生甚至可以

在闲暇之时或在家中跟着视频独立完成正念练习。

※ 年龄较小的学生或正在学习语言的学生可以只觉察当下一种事物。随着练习的深入，可以慢慢地从觉察具体事物转向觉察更抽象的感觉或情感。

※ 对于不能说话，但可以注视或用手指示的学生，可由一个辅学同伴或成人为其提供更直接的提示。例如：“你看到了什么？看着你所注意到的事物，让我知道你注意到了什么。”拿出两张表示情绪（感觉）的图片为学生提供两个选项，问学生：“现在感觉如何？”提示学生注视或者用手指出能代表自己情绪 / 感觉的图片。

※ 在学生都已熟悉该过程之后，选几名学生带领其他学生进行练习。听取学生的意见，让学生决定一天中进行正念练习的时间。这对于有情绪障碍或精神健康需求的学生可能特别有帮助，因为他们可以自己选择哪些时刻是“当下”。与学生一起制定一个可预知的时间表，以减少学生的焦虑，避免可能出现的抵触行为。

团队简历

就像个人简历介绍个人成就一样，团队简历突出团队成就。让学生打造团队形象是一项非常有趣的活动，能够有效地促进他们进行反思和自我评定。团队简历同时也是一个简单快捷的团队建设策略，不仅能促进学生之间的相互了解，深化学生的自我认知，还能引导他们将课堂看作教学和学习社区并从中发现其他同学的才华。

团队简历这项活动的用途众多。简历内容可以概括，也可以详细具体（例如“麦田里的守望者俱乐部”“定音鼓三人组”等）。教师可以在新学年开始时或者在结束单元授课总结知识点时组织本活动。

活动步骤

※ 向学生说明：教室里的每个人都具有各种才能、经历、才华和兴趣。

※ 将学生分为小组，给每组分发记录纸或新闻纸和彩色记号笔。

※ 请各组分别准备一份小组简历用来宣传本组的成就。

※ 就学生可能会提到的方面（例如才能、技能、兴趣、经历等）为学生提建议。

※ 给各组留出时间制作小组简历，之后邀请各组向全班展示本组的简历。

※ 活动当天（当周或当年），将各组简历贴在墙上，以便其他人可以看到班上学生所具有的知识和能力。

教学案例

※ 在一堂高中美术课上，教师要求学生制作团队简历以总结他们一年来的学习情况（见表 1.1）。同时引导学生特别关注过去一年里他们学到了哪些技能、提高了哪些能力，以及在课堂讨论中记住了哪些知识。一个女生小组在这一年里对印象派艺术产生了兴趣，于是她们将本组简历命名为“留下印象的女人”。

表1.1 团队简历范例

留下印象的女人
克丽丝、南茜、珍、卡娜、金和卡蒂亚
资历 ·熟知印象主义 ·能够比较/对比印象主义、现实主义和立体主义 ·能够比较印象派画家（特别是雷诺阿、莫奈、马奈和德加）的绘画风格 ·已经读完卡萨特和塞尚的自传 ·参观了两家较大的美术馆，包括芝加哥艺术学院 ·已成功修完六门高中美术课程 ·具备以下知识： ◎ 水彩画　◎ 雕刻（木雕和泥塑） ◎ 家具画　◎ 拼贴画 ◎ 手工折纸　◎ 制版画
其他技能 ·手语　·木雕　·打油诗　·文字处理 ·制作串珠首饰　·缝纫和设计服饰 ·电影拍摄和剪辑　·制作视频博客 ·演唱音乐剧（如《魔法坏女巫》《汉密尔顿》等）中的配乐
爱好与兴趣 ·阅读同人小说①、看老电影、听音乐（特别是电影配乐）、去游乐园游玩、浏览设计视频博客和练习空手道

① 同人小说（Fan Fiction）：指利用原有的漫画、动画、小说、影视作品中的人物角色、故事情节或背景设定等元素进行的二次创作小说。同人小说一般是以网络小说为载体。近年来，伴随着体育人物、娱乐人物、政治人物等社会人物的高密集度曝光，同人小说中的真人同人小说也逐渐兴起。

最大限度地提高学生参与度的方法

为确保学生全员参与，教师可以向学生介绍一些从同龄人身上收集信息的方法，向学生展示如何进行非正式访谈以及如何通过提问从其他小组成员身上挖掘信息。举例来说，如果有学生想不起来要往简历中添加什么内容或者不知道怎样与人有效交流，可以让团队中的其他成员先进行分享。与此同时，该生可在教室里四处走动，看看能不能从其他小组中获得灵感，或者教师也可以不要求她为自己的想法命名，而是将它们画出来。

※ 各组成员在小组内列出问题清单，根据问题相互之间进行正式采访，之后整合简历。

※ 允许各组通过诸如网站或软件创建视频或音频简历。

※ 允许学生翻阅求职信或上网查找简历模板，以获取与简历内容和内容类别相关的灵感。

这是什么?

扫帚只能是扫帚吗？扫帚可不可以是避雷针、壁挂温度计或气象图上那个巨大的冷空气符号？想知道答案吗？那就来试试“这是什么？”这个游戏吧！

这个游戏类似于即兴游戏，因此肯定可以为课堂增添趣味。“这是什么？”鼓励学生用学习内容做游戏，从另一个角度看待他们的笔记和读物，随机应变。毫无疑问，这会让学生牢记学习内容。

这个游戏非常有趣，能为学生带来欢笑，给学生创造相互帮助和学习的机会，从而有助于在教室内建立学习社区。

活动步骤

※ 活动开始时，将一个物品放到教室前面并问学生："这是什么？"

※ 然后鼓励学生走上前来，将其转化为与课程内容相关的事物。比如科学老师拿出一个排球问："这是什么？"一个学生可能会说它是水星，另一个学生可能假装它是原子，而第三个学生可能会创建一个场景，让这个排球代表一滴水。

※ "演员们"可以告诉其他学生他们正在做什么以及他们正在如何使用该物品，也可以对此保密，让其他学生大声猜测他们正在干什么。

※ 提醒各组每次只允许一名学生出演。

※ 每次表演结束后，教师可以对学生表演的场景和主题加以介绍，以扩展学生的知识面，也可以参与到表演之中，对表演进行延伸以强化学习内容，让学习材料生动难忘。

教学案例

※ 一位讲授美国历史的教师将一卷纸巾带进课堂，

同时告诉学生要通过“这是什么？”这个游戏来复习之前学过的内容。因此学生要用各种方式利用纸巾帮助其他同学回忆他们在美国内战那个单元所学的内容。活动开始时，教师先是允许学生翻阅教科书获取灵感，学生也可三人一组进行头脑风暴。然后，教师询问哪位学生愿意主动参加。这时第一个学生站起来，将纸巾展开一些，然后假装从纸卷的长“页”上阅读《解放黑人奴隶宣言》。第二个学生将纸巾卷放在头上，代表亚伯拉罕·林肯的大礼帽，然后假装去营地与安提塔姆的士兵握手。在学生完成幽默诙谐的人物扮演之后，教师总结了这位前总统的一些政治信仰。

本活动的另一版本

为帮助那些有读写学习需求的学生，可将本游戏与精读相结合。教师让学生一起阅读与学习主题相关的一段文本或一章内容，结束之后不要求学生根据内容转化某件物品，而是直接指示各组去争抢并搜寻教室里的物品，用这些物品代表他们在阅读中遇到的重要概念、观点和词汇。

最大限度地提高学生参与度的方法

※ 让学生组成小组，为学生留出构思的时间，然后请各组到教室的最前面用道具表演一个场景。这种团队合作特别适用于学生存在沟通困难、精细动作困难或行动不便的情况。

※ 展示物品并让学生进行头脑风暴，与学习伙伴一起根据课程内容转化该物品，然后各组再一一表演。

※ 为学生提供多种选择。在桌子上放一些物品，让表演者自己选择想要根据课程内容转化的物品。

我们都要面对问题

我们都要面对问题是一个集体解决问题的过程。该过程使得每位组员都能够考虑实际问题并理解他人的经历，有助于培养学生的集体责任感并促进学生找到建设性的解决方案来解决各种问题，包括他们认为很重要的问题、课堂或学校存在的问题，甚至是与教学内容相关的问题和挑战。

活动步骤

※ 向学生提出一个问题或描述一种情景或棘手的问题（例如“描述一下最近发生的、让你感到被孤立的情况”或“你认为什么时候最难呈现真实的自我？”）。

※ 学生写完答案后，将他们分组（时间允许的话，

也可将学生集结为一个大组）并引导他们将答案折叠起来放在桌子中央。如果想制造一种匿名感，教师也可以将学生的答案放进一个容器里。

※ 让学生抽一张其他同学的答案纸，读出上面的文字，并思考可能会有哪些答案。

※ 下一步：邀请学生回答问题。每次由一个学生读出自己手中所持的问题，然后花一分钟时间说一说如果是亲身经历的问题要如何解决。之后，小组成员开始进行小组讨论，以获得灵感与启发。

※ 最后，请参与讨论的学生谈一谈对活动过程的感受、所获得的灵感、在其他情境中进行该过程的想法以及在今后活动中可能会讨论到的其他问题。

教学案例

※ 一所中学的教师、管理人员和辅导员通过该活动创建了一个论坛，供学生讲述与学校安全、骚扰、公平纪律以及其他问题相关的个人经历。

※ 一个七年级教学组利用此活动，将一群有想法的同龄人召集在一起，这些同龄人愿意解决与接纳同班同学有关的问题。教学组提出了实际问题让学生随机选择。这

些问题包括：

◎ 安吉拉没能参加七年级学生的才艺秀，她甚至都不知道有这项活动，没有人认为她有才华。我们该如何改变这种情况？

◎ 莎拉带着辅助器械独自吃午餐，其他学生都避免和她坐在同一张桌子边吃饭，她似乎有点孤独。我们该怎么改变这种情况？

有了解决方案以后，学生小组在成人的帮助下去实践自己的想法。

最大限度地提高学生参与度的方法

※ 根据活动设计，学生要自发回答问题。鉴于许多存在学习障碍的学生很难当场表达自己的观点，教师需要相应地改变活动的时间安排和节奏以最大限度地提高这部分学生的参与度。例如，教师可以提前告知学生要解决的问题主题，以便学生在活动开始之前记下一些想法或对同龄人或成人口述相关主题内容。

※ 如果学生很难想出解决问题的办法，可指定该生选择并阅读需要解决的问题，然后让其他学生思考解决办法。在这种情况下，该生参与活动的重点是实现识字和沟

通的目标。

※ 教师还应考虑使用辅助技术来帮助学生参与活动。假如有学生身患多种残疾，因此不会提问或想不出答案，但能用平板电脑上的相机应用程序录制简短视频，记录同学们阅读问题并想出解决方案的过程，那么可以让该生录制活动过程，之后可以将这些短视频提供给其他同学。另外，还可以让该生为大家选择要回答的问题。如果该生不知道如何与人交流，则可以将问题写在各种便笺上或上传到交流应用程序中。此外，还可以使用全民大转盘（见图1.1）。将所有学生的照片放在转盘上，由身患残疾的学生打开开关，旋转转盘，从而选出要阅读问题或回答问题的学生。

图 1.1 全民大转盘

来源：AbleNet Inc. 图片库

传递赞美

大多数成年人在离开学校10年、20年甚至50年之后，仍然记得年少时被嘲笑、奚落或讽刺的经历。这种经历（以及轻微的暴力行为）通常被人们视为成长的一部分。这是一种悲哀，因为受人羞辱会对身心和学习产生不良影响。当学生感到不安全时，他们在学习中会产生压力，而压力是一种可怕的状态。幸运的是，教师有能力创造一种舒适且积极向上的学习环境，甚至可以通过传递赞美等活动在课堂上别出心裁地给学生起绰号、贴标签。

活动步骤

※ 传递赞美就像儿时派对上玩的经典怀旧电话游戏一样。询问学生是否知道这个游戏；如果有学生知道，则

邀请一两个人来简要解释一下该游戏，然后告诉学生他们要玩一个类似的游戏。

※ 首先，让学生想一条赞美词去赞美坐在他们后面（或旁边或前面）紧挨着他们的人。活动开始时，每行的第一个学生先转身对身旁的人低声赞美（例如，“我觉得你很有创造力”）。然后，第二个学生转身向旁边第三个学生重复刚才收到的第一条赞美词，再另加一条（“我觉得你很有创造力，幽默风趣”）。第三个学生再转向旁边的第四个学生，除了重复上面收到的两条赞美词之外，再多加一条，依此类推。

※ 当一行中所有人都收到赞美词之后，让各行的最后一名学生复述整行同学获得的所有赞美（“我觉得你很有创造力，幽默风趣，独立性强，是个非常不错的漫画家，很勇敢”）。

※ 让复述赞美词的学生与本行成员通过交流确认是否已经说全了所有赞美词，是否有赞美词在传递过程中被传丢了。

教学案例

※ 一位四年级老师在周五下午组织的最后一项活动

就是这项学习社区建设练习：让学生们坐成一个个圆圈，各圈学生沿着圆圈传递赞美，直到每个人都收获赞美词。活动期间，不允许出现与相貌相关的赞美（比如“我喜欢你的头发”）或过于笼统的赞美（由各组学生自己把握）。此外，鼓励学生赞美仅在本周发生的事情（例如“你的口头报告真的很有创造力，我特别喜欢”）。

本活动的另一版本

在某个教学日的清晨或傍晚，或者在某个教学周的周一早上或周五下午，先选出一两名学生，然后再选五名学生赞美他们，可以笼统地赞美，也可以按照教师的要求具体一些。例如一位中学老师在读了学生写的故事之后，要求其他学生就该生的故事给出五条赞美，内容可以是故事标题很有趣，故事结局出人意料，楼梯间那部分真是扣人心弦，形容词的使用很高明或高尔夫球场中的细节描述绝妙，等等。

最大限度地提高学生参与度的方法

※ 向所有学生讲解什么是赞美，赞美听起来是怎样的以及好的赞美词包括哪些要素。如果学生之前没有练习过怎样赞美他人，此时需要多加练习。教师可以在一天或一节课刚开始或即将结束时要求学生赞美各自所在的小组（例如“我们组本周创作的诗歌令人惊叹”）。

※ 要注意，接受赞美和给予赞美存在跨文化差异，互动亦是如此。例如，在某些文化中，受到赞美的人会否认这些赞美以示谦卑。如果有学生的母语不是英语，教师应询问一下这部分学生（及其家人）他们常用的赞美词是什么，以及他们是如何给予和接受赞美的。教师可以与英语语言教师合作，在活动过程中注意并尊重学生之间的跨文化差异。

※ 在组织这项活动时，教师可以邀请学校的心理学教师或社工参与进来。一些学生（尤其是患有自闭症的学生或者有不良情绪和某些学习障碍的学生）可能正在接受社交技能方面的治疗或帮助。邀请其他专业人员参与活动有助于学生理解合作与协作是学校范围的事情。

※ 鼓励年龄较大的学生通过社交媒体练习赞美他人。

虽然爱的传播方式有很多种，但通过社交平台传播爱是个不错的开始，可以鼓励学生大胆尝试。

※ 制作以“感谢赞美”为主题的海报或挂图，并将其一直挂在教室里。在此海报上，列出经常被用于赞美他人的单词和短语（例如“你真的很擅长……”；“你对……总是有很棒的主意”）。这么做不仅能在视觉上帮助那些搜肠刮肚也难以找到赞美词的学生，还能帮助那些有不良情绪（或其他情绪问题）的学生，让他们记住要积极向上，要时常反思，要心地善良。

两个真相和一个谎言

“两个真相和一个谎言”这个活动非常有趣提神，可以作为“让我认识你”活动或用来预习和复习课程内容，还可以作为一种教学内容浸入手段融入课堂教学。为了鼓励学生进行与课程相关的对话，教师可以要求学生就特定的话题展开练习。例如，教师可以要求学生分享与古埃及、海洋、打击乐器或三角形有关的两个真相和一个谎言。

活动步骤

※ 让学生写下关于自己的三句话，其中两句必须是真相，另一句必须是谎言（相关活页练习题参见表 1.2，可将该活页分发给所有学生）。

※ 然后让学生两人或多人成组阅读他们写下的句子，

并请其他同学猜测哪些句子是谎言，哪些是真相。

※ 如果时间允许，让学生讲一讲与他们写下的真相和谎言相关的小故事。

表 1.2 “两个真相和一个谎言”练习题
姓名：______________________ **两个真相和一个谎言** 在每个方框中写出关于自己的一句话，其中两句应是真实的，另一句应是谎言。
1.
2.
3.

教学案例

※ 一位三年级老师发现班上经常会有一些学生因为无家可归而随其家人住在庇护所中，于是她在整个学年中多次在课堂上组织该练习鼓励学生分享个人信息，以促进学生之间的相互了解。学生随着家人在庇护所搬进搬出也导致这位教师班上的成员经常来来往往。她发现通过这项活动，班上所有学生都有机会更深入地了解彼此。特别是，新来的班级成员即使错过了9月份的“让我认识你”活动，也能在这个活动中分享发生在自己身上的积极有趣的事情。

※ 这位富有创造力的教师还利用这项活动培养和锻炼学生的学习和社交能力。每当学生不愿尝试新事物或者冒险时，她就会低声提醒他们如果能完成任务或挑战，就可以把学到的新知识或完成任务或挑战的经历用作书写两个真相和一个谎言的素材。举例来说，当有学生上体育课时拒绝尝试在平衡木上做简单的技巧动作时，她就鼓励这个学生如果能大胆试一试，就能夸耀自己是个体操运动员。当有学生不愿意参加社区美术比赛时，她也鼓励这个学生如果能参加比赛，她的画就将在附近的咖啡厅展出，而她

本人在下一次的“两个真相和一个谎言”游戏中可称自己为“本土艺术家”。

※ 一名高中美术老师要求学生在学年末的总结项目中研究一名美国画家。项目开始前，她要求学生围绕各自要研究的画家上网搜索相关信息，然后写出关于这些画家的两个真相和一个谎言。学生马克分到的是画家杰克逊波洛克。他写道：他是抽象表现主义运动的主要力量；他的艺术风格被称为立体主义；影响他的艺术家之一是迭戈·里维拉。在之后进行的“两个真相和一个谎言”游戏中，马克所在的小组中有三名同学正确地指出波洛克不是立体派画家。教师指出，该练习不仅促使学生立即着手研究，而且还让学生了解了这些画家以及世人对他们的评论。如果不是因为这个练习，学生根本不会去关注这些画家。

本活动的另一版本

让学生在纸条上写出关于自己的三个事实，而且这三个事实是不为人知或其他人猜不出来的，然后将所有纸条放到同一个帽子里，让学生一张一张地抽出来，边抽边猜。经过一番猜测之后，请作者举手或以其他方式揭晓谜底。如果学生仅仅分享一两个事实，可以在全班范围组织此游戏。如果学生分享三个以上事实，则可以让学生分组进行。

最大限度地提高学生参与度的方法

※ 如果教师在一年中多次组织此活动，或许可以尝试稍微改变一下活动内容，例如，可以要求学生说出一个真相、一个谎言和一个愿望。

※ 为了保证活动效果，在某些情况下可以给学生留出时间针对各自的生活进行头脑风暴。教师可以给学生具体提示，例如“你已经完成了哪五件大事？”或“列出你所做过的最冒险的三件事”或“让你家与众不同的一件事

是什么？”，这样可以为那些思考时间比较长的学生提供多种选择，帮助他们写下关于自己的三句话。

※ 因为与人沟通困难、记忆力差或存在其他学习困难，有些学生很难同时想出三件事情。教师可鼓励这部分学生与其家人，或者与教师（或言语治疗师）一起完成“两个真相和一个谎言”练习题。教师或言语治疗师可以帮助这部分学生理解真相与谎言之间的差异，甚至为他们再次讲解如何区分真相与谎言。

世界真小

学生可能非常熟悉“世界真小”这句话。在“世界真小”这个活动中，他们会看到教室就是一个很小的世界。这项团队建设练习促使学生思考各自与众不同的个人特征，以及他们与同学之间的共同特征。

如果一所学校里的学生背景不同，经历各异，我们特别推荐这个活动。例如，由于边境线变迁或其他学校停课，某校最近迎来了新学生，此时组织“世界真小”这个活动会非常有帮助。在一个多元班级中，即班上既有健康学生又有残疾学生，还有来自不同种族、文化和宗教背景的学生，并且这些学生会在一起合作、分享和学习，组织这个游戏也是一个非常理想的选择。在那些过去从未合作过的学生中组织本游戏，能帮助他们很快建立联系。

活动步骤

※ 活动开始时，要让学生各自寻找一个伙伴并与该伙伴一起列出彼此身上至少五个共同点，例如：

◎ 最喜欢的甜点

◎ 出生月份

◎ 兄弟姐妹的人数

◎ 脚上袜子的颜色

◎ 最喜欢的电影

◎ 最喜欢的短视频

※ 在两人完成第一个清单后，让他们分开并在教室里四处走动，各自寻找与他们清单上列出的至少有一个共同特征的同学，与该同学一同坐下，再分别与后者共同列出他们身上存在的五个新共性。

※ 让学生重复此练习一两次。在与几个伙伴完成合作后，要求学生回到座位上，并通过以下问题讨论他们从练习中了解到的信息：

◎ 你从同学身上了解到什么？

◎ 你从自己身上了解到什么？

◎ 你从我们的学习社区中了解到什么？

教学案例

※ 一位四年级老师在开学日组织了“世界真小”这个活动，以促进学生之间的相互了解。虽然班上大多数学生在开学前就已经共同接受了三年的教育，但由于该地区最近关闭了特殊教育大楼，将残疾学生也转到了他们的邻居、兄弟姐妹和同龄人所在的学校，这所学校对很多学生来说还是很陌生的。在活动过程中，很多学生原以为很了解自己的同学，毕竟已经在一起受教育多年，结果却惊奇地发现他们不知道的事情太多了。同样地，他们也了解到自己与初次见面的残疾学生之间有很多共同点。例如患有脑瘫的男生理查德和他的新同学劳尔通过交流，得知两人都曾住过院（劳尔是因为得了阑尾炎，而理查德是因为后背做了个手术），两人都有三个兄弟姐妹，两人都出生在新墨西哥州，而且两人都玩 Xbox 游戏机。

最大限度地提高学生参与度的方法

※ 如果有学生不熟悉“世界真小”这句话，要向他们解释清楚这是人们在发现自己与遇到的某人有相似的经

历或出乎意料的联系时所用的一种表达。请一部分学生分享他们所经历的“世界真小”时刻。

※ 如果学生没什么想法，可以为他们提供一些选项。教师可利用表 1.3 中的选项或自己列出一些选项，供班上学生使用。

※ 教师可在教室里来回走动，或帮助学生回答问题，或为学生提供新选项，或提示学生去旁听一下其他小组的讨论以获得灵感。一些学生可能在演讲或语言学习方面有很大的困难（尤其是那些在语言方面有学习困难的学生），教师需要为这部分学生演示如何通过问答交流发现与他人的相似之处。例如，教师可以这样引导学生：“敏蒂，我注意到你喜欢骑马。你可以这样问问朱莉：‘朱莉，我喜欢骑马，你呢？’”此外，教师可以基于对学生经历的了解提醒他们曾共同经历过的事情，例如，可以大声提醒班上有六个学生曾经一起参加了学校的滑雪之旅。

表 1.3 世界真小创意构思练习题

姓名：________________

世界真小

与伙伴一同填写空白处。可以书写作答，也可画图作答，或两者结合。如果在同一类别中有相同的答案，请在右列打钩（√）。

姓名：		姓名：		如果答案一样，请在此列打“√”
最喜欢的甜食		最喜欢的甜食		
最喜欢的颜色		最喜欢的颜色		
今天所穿鞋子的样式		今天所穿鞋子的样式		
出生月份		出生月份		
最喜欢的电影		最喜欢的电影		
出生地		出生地		
兄弟姐妹的人数		兄弟姐妹的人数		
刚读完的书		刚读完的书		
中间名		中间名		
________ ________ ________		________ ________ ________		

创建座右铭

你主张什么？你有什么样的故事？你的信念是什么？许多公司、非营利性组织、学校和俱乐部等团体都有自己所奉行的准则、主题、口号或座右铭用于团结团队成员，宣传或促进团队的共同目标。在“创建座右铭”这个活动中，学生将学习如何创建座右铭，并通过这一过程建立学习社区、表达共同的愿景。

活动步骤

※ 首先，要求学生讨论什么是座右铭，为什么团体或个人会使用座右铭（答案可能是：能促进团结，能促进团队的理想，能打造团队的独特性等）。

※ 然后，将学生分组，要求他们创建能够代表自己

价值观、信念或学习目的的座右铭。

※ 为帮助学生集思广益，教师可介绍一些知名团体或公司的座右铭，例如：

◎ 少年棒球联盟（Little League）：品格、勇气、忠诚

◎ 耐克（Nike）：释放潜能

◎ 苹果（Apple）：非同凡想

※ 给各组留出时间进行小组讨论和创建座右铭。根据课程或课堂教学目标或任务，教师可以明确要求座右铭必须代表什么，也可以将创建座右铭设置成开放性任务，甚至可以将课堂教学内容融入活动中，要求学生为文学人物或历史人物创建座右铭。

※ 各组完成创建座右铭之后，教师邀请他们向其他同学介绍本组创建的座右铭。

※ 最后，引导学生就座右铭和座右铭的含义展开讨论。

活动实施建议

对学生而言，在很短的时间内提出座右铭并不难，所以教师可以向学生讲授如何进行头脑风暴并要求他们在给定的时间内进行头脑风暴，教会他们在头脑风暴之后如何做选择。教师可提醒学生，在头脑风暴中，“一切想法皆可行”，头脑风暴的目标就是生成一长串想法（而不是生成完美答案）。

教学案例

一位七年级社会研究学老师在学年伊始利用“创建座右铭”这个游戏帮助学生组建学习团队。他要求学生创建座右铭，表达他们对学习历史的看法。各小组创作的座右铭有幽默诙谐的“学历史，赢游戏”，还有严肃的“历史……回首是为了展望”等。之后，教师再次组织该游戏，让学生批判性地思考学习内容。在学习第二次世界大战那个单元时，他让各组分别扮演不同的国家，并为本组所代表的国家创建座右铭。学生要在30分钟内想出几个备选座右铭，然后从中选出最能代表该国在20世纪30年代末40年代初的斗争、态度和行动本质的座右铭。美国小组创建的座右铭是："让世界永远安全民主！"；德国小组提出的座右铭是"全球德国"。

※ 在社区那个单元，一群三年级学生为各自所在的小组打造了座右铭，然后制作了主题海报并将其悬挂在教室四周。学生提亚拉有严重精细动作障碍，身体上的残疾使她几乎无法握笔绘画。如果按照活动的原本设计，她什么忙都帮不上。为此，提亚拉所在的小组选择通过网络在线创建海报。在做出这一改变之后，提亚拉有了用武之地：她帮着选图和放图，同时还实现了自己的目标：独立打开计算机，输入密码进行登录以及访问网站。

最大限度地提高学生参与度的活动

※ 在游戏开始之前，先让学生做准备活动。教师可以让学生列出各自的观点、价值观和信念。如果学生需要帮助才能进行此种抽象思维或者从未考虑过自己强烈坚持的信念是什么，可以让他们与家人讨论确定。这样，学生不仅可以获得创建座右铭的灵感，还可以运用与各自家庭、社区和文化背景等有关的丰富的政治、历史和个人

知识。

※ 让学生上网搜索座右铭，感受不同的群体是如何用寥寥数词传播其价值观或使命的。教师可以鼓励学生搜索他们所在的州、城市或学校的座右铭，社区里流行的宗教、娱乐或政治团体的座右铭，或他们自己比较关心的团体、文化组织等的座右铭。

※ 让学生从字典中查找座右铭一词，更具体地理解该词的词义和概念。

上前一步

“我是家里排行中间的那个孩子。”“我喜欢僵尸电影。”“我的储物柜里有巧克力。”在趣味十足的“上前一步”游戏中，教师可以找出班里哪些学生认同这些话以及类似的话语。通过这个活动，学生可以比较各自的爱好、经历和信仰并与其他同龄人建立联系。该活动本质上是对学生及其态度、知识或想法的一种直观的评估，也是一种不用语言交流就能听到“所有声音”的有效方法。因此，如果班上有一个或几个学生只能用语言之外的表达方式或无法当场进行口头交流，这个活动就是一个理想的破冰活动或复习活动。

活动步骤

※ 让所有学生在教室后面站成一排。

※ 教师陈述一种信念、观点、态度或相关知识，如果学生亦持有或认同此信念、观点、态度或相关知识，则可在游戏中上前一步。例如，如果教师说，“我16岁了”，那么每个16岁的学生都应向前迈一步，而其他年龄稍大或年龄较小的学生则站在“起跑线”上不动。

※ 等所有学生都已经向前迈了一步以后，教师再做一个陈述。同样的，如果学生认为该陈述是正确的，可向前迈一步。下面是可能用到的陈述内容：

◎ 我是家里孩子中的老大。

◎ 我12岁了。

◎ 我有一个宠物。

◎ 我洗澡时会唱歌。

◎ 我穿着蓝色牛仔裤。

◎ 我怕蛇。

◎ 我是素食主义者。

◎ 我爱读《迷宫行者》。

※ 陈述的内容还可以与课堂内容相关，比如：

◎ 我能说出所有行星的名称。

◎ 我最喜欢《杀死一只知更鸟》中的斯库特。

◎ 我出生在纽约。

◎ 我能说出一个田径项目的名称。

◎ 我会用法语说“大海”这个词。

※ 一旦有学生越过终点线，教师即可与学生就一些答案进行讨论。

教学案例

※ 一位数学老师利用“上前一步”活动带领学生在学期考试之前复习学过的内容。他所陈述的所有内容都与课程有关：

◎ 我知道直角和锐角之间的区别。

◎ 我明白勾股定理。

◎ 我能将角二等分。

◎ 我能说出射线的定义。

◎ 我能算出平行四边形的面积。

◎ 我知道几何的含义。

◎ 我能说出一种会用到几何知识的职业。

在活动过程中，教师点名叫学生起立回答问题并给其他小组成员做简短讲解。只有三名学生因为明白勾股定理而向前迈了一步，于是，教师把这三名学生叫到教室的最前面，让其他学生都原地坐下，同时让这三名学生再讲授一遍勾股定理，之后教师要求其他学生都站起来并再次回答“我明白勾股定理”。等所有人都向前迈了一步以后，再继续游戏。

游戏中所用的陈述内容均由一位因身患严重疾病而缺课数周的学生所设计。该生重返课堂后的第一个任务是复习错过的章节并就陌生内容提问。通过让学生担任此角色，教师创造了一种温和且令人愉悦的方法让该生重新回到学习中，同时获得其他同学的帮助。

最大限度地提高学生参与度的方法

※ 如果有学生需要直观的帮助，教师可将陈述内容写在黑板上。或者，为了让学生提前参与活动，允许学生在活动开始之前在黑板上写下所有可能的陈述内容，并在活动过程中从这些话语中进行选择。

※ 改变陈述方式，这样具有不同知识和专长的学生都有机会分享知识和向前挪动。例如，教师可以给学生几个与教学内容相关的提示（例如“我知道 ________ 和

________之间的区别”；“我可以说出与________有关的三个事实”），还可以给出与学生的努力、态度或个性化目标相关的提示（例如“我所学到的内容超出了我的预期”“我实现了本单元的学习目标”“昨天我本来可以更努力学习的”）。

给学生留出时间与身边紧邻的同伴“转身交谈”，讨论教师给出的提示，然后再允许学生向前迈步。这样，在全班一起玩游戏之前，学生可以提出和回答问题（特别适用于学生不理解教师提示的情况）并给出自己的答案。

从前

我们都曾经听到过这样的请求："给我讲个故事吧！""从前"这项活动就是用来回应此类请求的。它同时也是一种让学生尝试新概念、新思想和新单词的方式。它可以让大脑休息，也可以帮助学生复习知识或练习写作。教师可以用它来鼓励学生的创造力或为学生讲解诸如排序、设计细节，以及运用描述性语言开始和结束故事等技能。

活动步骤

※ 游戏开始时，先在黑板上列出几个类别。比如，教师可以写下：

◎ 最喜欢的书中角色

◎ 动物

◎ 同班同学

◎ 可能会收到的礼物

◎ 派对游戏

◎ 常做的家务

※ 然后，让学生说出各类别下的一些事物，同时将这些事物也写在黑板上。例如，在“喜欢的书中角色”这一类别下，学生可以写凯特尼斯·伊夫狄恩（《饥饿游戏》）、查理·巴克特（《查理和巧克力工厂》）和赫敏·格兰杰（《哈利·波特》系列）。

※ 给各组加大难度，要求各组将这些内容整合成一个故事。

※ 以“从前……”作为故事开头，要求学生进行故事接龙，目的是将黑板上所列的内容尽可能多地融入故事中。因此，运用上述类别下的词语，学生可能会这样补充老师的句子：“当凯特尼斯注意到屋角有一只老鼠时，她正在玩‘给驴子钉尾巴’的游戏。”

※ 每个学生每次只能接龙一句。在接龙中，故事情节得以不断发展。在所有学生都完成了至少一次接龙之后，教师可以结束活动，也可以让全班学生继续接龙。

活动实施建议

鼓励学生在接龙时不要想得太多，脑中先想到什么就讲什么，提醒学生要相互鼓励。这项练习应有助于学生灵活思考，为学生带来愉快的体验。

教学案例

※ 在给学生讲了写说明文时如何避免口语化或老套的表达之后，一位四年级说明文写作老师将学生分成四个小组，然后告诉他们各组可以随意编一个故事，但故事里至少得有十几个老套的表达法。她讲了故事的开头："我正在拼命工作，感觉很快乐，这时我看到约翰穿过球场，他看上去很生气，眼里像冒了火一样。"学生在平板电脑上用小程序记录下他们的故事。在课程结束时，要在全班播放所有故事录音。

※ 一位四年级老师想知道关于美国学生们都学到了哪些知识，所以就请学生们集体讲个故事，故事要包含以下内容：

◎ 美国的一条河流

◎ 美国的一个象征（比如老鹰、旗帜或自由女神雕像）

◎ 美国中西部的一个州

◎ 美国的一个著名地标

◎ 美国的一位总统

为了提高游戏难度，教师要求一些语言表达能力较强的学生在接龙时插入比喻或隐喻或运用拟声词。

本活动的另一版本

在开始单元学习时，利用此活动进行前测；在结束单元学习时，再次利用此活动对学生的学习情况进行后测。教师提供与本单元中重要概念、思想或学术语言相关的多个类别，要求学生补充每个类别下的项，然后参与“从前”故事讲述活动。学生所讲的故事可能会揭示他们的背景知识或对关键概念的误解。在结束单元学习时，要求学生将概念、思想和学术语言添加到原始类别中，然后根据新的理解再编一次故事。

最大限度地提高学生参与度的方法

※ 许多文化都有通过口述将故事代代相传的悠久传统。在某些情况下，讲故事大师会利用手势或声调的变化增强故事效果。为了吸引动觉型[①]学习者，可以介绍手势的使用或其他讲故事的技巧，并允许他们在活动过程中运用这些手势或技巧。

为了使活动对需要拓展学习的学生更具挑战性，教师可以设置更高的要求，例如，“到故事结束时，你必须已经……”。

◎ 在故事中包括了本单元中至少四个词汇

◎ 分享了最后一个单元中至少三个知识点

◎ 在故事中融入了昨天课上学到的三个事实

使用小程序或工具包找故事灵感，让故事更刺激，更有吸引力。

※ 如有必要，允许学生在参与活动的过程中运用其他交流方式。例如，某些学生在接龙时可能想用哑剧，其

---

① 动觉型学习者（kinesthetic learners）：首先，动觉学习（kinesthetic learning）是一种学习方式，通常与“边做边学”和“通过身体运动学习”联系在一起，其基本思想是，有些人非常身体化，或者说是动态的，这意味着他们在学习涉及身体运动或身体运动的事情时，学习效率最高。这部分人通常被称为动觉型学习者。

他学生可能想高举图片代表人物、事件或想法。如果有必要进行这样的改编，要让小组其他成员在故事接龙时给予配合。

※ 在完成每个类别下的条目之后，立即暂停，给所有学生留出时间让他们整理自己的思路并构思故事情节。一些学生甚或需要一份“备忘单”，上面列出每个类别下可能用到的故事词汇。

※ 如果班上有学生存在智力缺陷或沟通困难，让该生从三人或三人以上小组中抽取故事开始卡（例如“从前，有一个巨魔住在教室里……”）参与活动。学生可以用其他卡片让故事更加曲折或情节更加扣人心弦（例如“然后意想不到的事情发生了……”）。可以让其他学生或教师来说明或制作这样的卡片，也可以将这些短语编程后输入到学生的交流系统中。

第二章

教与学

漫步到白板前

想在自己的多元课堂中听到所有学生的声音吗？想找到一种方法鼓励他们站起来、动起来、思考起来、交流起来吗？要做到这一切，教师只需让学生漫步到白板前展示他们的知识，让他们思考、学习和合作，用图像、文字和颜色去表达自我。

这个活动的独特之处在于它让师生互换角色，允许学生担任老师，也使得老师能向学生学习。作为一个团队头脑风暴策略，它可以扩展学生的词汇量，增加他们对学术语言的使用，帮助他们了解各种思想之间是如何联系或拓展的。教师可以利用“漫步到白板前”这个活动帮助学生复习相关概念，或者检查学生的知识储备情况。

活动步骤

※ 给学生几支记号笔，要求他们在白板上写下或画出与教师提前写在白板上的主题或问题（例如“什么是神话？”或“你对企业家了解多少？”）相关的事物。

※ 在学生完成书写或画图后，指示他们将记号笔递给其他坐着的同学。其他学生拿到记号笔之后走向白板，在后面添加一个单词、短语或一幅图画。

※ 重复此过程，直到每个学生都在白板上添加了内容。教师也可以再进行一两轮活动，让学生在不同的观点之间建立联系，并在自己的书写或图画中体现这种联系。教师可以明确告诉学生在每轮活动中要添加的内容（例如主要概念、辅助元素、插图等）或者让学生添加他们认为相关或有用的内容。

※ 最后，全班一起检查白板上的内容，并将这些内容作为讨论要点或写作提示。

教学案例

一位二年级老师运用此练习检查学生对“你对物质状态都有哪些了解？”这个问题的思考。她将三个白板中的一个标记为固体物质白板，另一个标记为液体物质白板，第三个标记为气体物质白板，然后让学生独自或与同伴一起练习简短的陈述，例如“我的背包是固体”“液体可以凝结成像冰一样的固体”。学生们还在白板上添加了很多图像。固体物质白板上有棒球、桌子和吉他等图画；液体物质白板上有橙汁、牛奶和洗窗液等图画；而在气体物质白板上，学生们画了一个气球代表氦气，画了天空代表空气。

※ 一名七年级科学老师的班上有许多学生的母语非英语。于是，她每周都至少组织一次该活动，带领学生预习即将在科学课本、实验室讨论和作业中用到的概念和相关学术语言，从而创造了一种辅学氛围。在这种氛围中，所有学生都能预习和练习新词汇，同时还能将新词汇与各自的背景知识相联系。在有关火山的课程中，这位老师要求学生们考虑火山喷发会给地质地形和当地居民带来的影响。学生轮流将事实、课本中的引用、关键术语和一些图画添加到贴在墙上的一张大纸上。这张图随后被张贴在教室里，方便学生在学习这一单元期间参考和继续加入新内容。

最大限度地提高学生参与度的方法

※ 有些学生因为无法书写或绘画而无法参加活动，他们需要预先印制好的索引卡或便签贴，用于贴在白板上。举例来说，如果白板上的任务主题是光源，则可以给学生分发卡片或图片，每张卡片或图片上只有一个单词，内容可以是太阳、蜡烛、手电筒、月亮、汽车大灯和萤火虫等。学生可以通过选择和粘贴卡片做选择练习，或通过读出各个选项练习识字技能。

※ 如果有学生想担任活动主持人，可以让他们站在白板旁边，按字面意思将评论与图像联系起来，在点与点、资料与资料、短语与短语之间连线创建思维导图或单词网。作为活动主持人，他们要鼓励那些不积极参加活动的学生积极参与。

※ 扩大白板面积，让更多学生参与活动。用图表纸覆盖公告板，用画架支撑海报板，用长纸卷覆盖地板来充当白板，或者让学生在活动中使用交互式白板。这样，即使不能保证全部学生，也能保证大多数学生能同时参与活动，并用自己喜欢的方式去分享知识和信息。

※ 将学生分组，给每组布置同样的主题或者不同但

相互关联的主题。

※ 在小组成员陷入困境，想不出其他新词、术语或观点时，指派一个或几个学生访问在线可视化词典，寻找更多相关单词或短语。

指派一名学生担任“白板向导”，负责向各组宣布必须添加到白板上的内容（比如主要概念、更多的辅助要素、其他图像等）。可以将提示词录制在使用辅助沟通系统的学生的语音输出设备上，由这样的学生担任此领导角色。

※ 尝试利用脑图工具 Popplet 或谷歌的画图工具在线参与此合作过程。

探索自然世界

在某一特定时刻，我们能从周围的世界中学到什么？如果人类不再关注自然环境，又会失去什么？华盛顿大学西雅图分校的生理学教授小彼得·卡恩称，人们对技术的使用几乎无处不在，而这会使我们的子孙后代面临与自然失去联系的风险，他们可能无法从感知和欣赏环境中获得积极的心理暗示。他的观点引起了人们的忧虑。“探索自然世界”这一教学策略认为，为了身体健康和学术目的，有必要在教学日中设置一些“重返自然”的时间。迷你版的探险既能让学生放松身心，又能激发他们对大自然的兴趣。

活动步骤

※ 在一天或一周的某个时间，准许学生到学校之外

观察环境或与环境互动。这一环节的关键是学生要独立、有意义地去探索。

※ 允许学生个人或成队收集数据或信息用于当下或今后的学习。

※ 该活动的时长可以是整堂课，也可以是几分钟。时间分配不必过多——学生足以完成观察、收集物体甚至抓拍照片即可。

活动实施建议

如果因为时间或条件有限，学生无法前往学校之外的场所，教师可以鼓励他们在教室窗户旁边短暂观察，此时可将活动命名为“风景美丽的房间”或其他能引起学生注意的名字。将记录纸、书写用具或记录设备放在窗户附近的固定位置上，供学生随时使用或在有其他自由时间时使用。

教学案例

※ 一群高中生在年级教室里上课，教师不时地邀请

他们往窗外探视，让他们感受大自然并试着创作诗歌。这位教师因为热爱美术，所以建议学生们将他们从落叶、泥泞的水坑和嬉闹的松鼠等简单事物中获得的灵感画下来，同时还鼓励他们在室外时练习对瞬时感受的叙述写作。

三年级一个班的学生一年四季都在拍摄同一片树林。他们每个教学日都会拍摄一张照片，之后将这些照片汇编成视频演示文稿，延时记录环境的不断变化。教师用这个演示文稿来训练学生的观察技能，讲授天气和阳光对当地动植物的影响。在音乐老师的配合下，学校将这段延时拍摄的蒙太奇用作年终音乐会的背景视频，以记录和庆祝学生这一年在学校的生活和进步。

※ 在一次数学课上，四年级一个班的学生在室外从易到难起草方程式。一名学生在观察到电线上先有五只鸟，后来又飞来三只鸟，之后又飞走四只鸟以后，列出一个式子（5 + 3 - 4 = X）。另一位学生对一段松枝上的松针数进行了计数，然后尝试使用数据样本估算整个松枝上的松针数。第二天，教师将学生分成合作小组，让他们相互求解彼此所出的数学题。

※ 六年级学生在记录一天中的时间的同时拍摄太阳的位置，从而有益地补充了有关埃及和钟表的早期发明的

课程内容。

※ 九年级一个班的学生利用该活动在生物课上学习共生（关系）。教师要求学生从学校的室外空间或周围环境中寻找五种生态关系的痕迹，并用图表记录竞争、捕食、共栖、寄生和互惠等共生关系。

※ 在一所市区高中，教师要求学生从教室的窗户向外观察社区，并以可持续发展的理念来构思社区建设，然后将学生分为小组，让他们合作设计可持续的绿色空间、电动汽车的停放位置、自行车路线以及有轨电车的位置等。学生的设计想法后来被提交给城市规划委员会备用。

※ 在简单介绍了基本的几何图形之后，一个二年级合作教学团队让学生去探索操场、学校花园和周围的景观，练习几何想象力和几何假设。教师给一部分学生发了纸和笔供绘制图形使用，给其他学生则发了数字录音机让他们口头描述他们的发现，而坐着轮椅有智力缺陷的学生伊曼被指派用平板电脑拍摄各种场景。

回到教室后，学生建立了三个学习站。特殊教育教师召集第一个学习站的学生开会，根据学生的观察情况确定他们的理解程度和之后要用的材料的难度。第二个学习站的学生建立了合作伙伴关系，以分享、对比和整合他们的发现。第三个学习站由普通教育教师主导，伊曼担任中心角色。利用伊曼所拍的照片和一个简单的绘图叠加程序，每个学生都概述了在拍摄场景中发现的一种形状，同时做了自然景观分析。图 2.1 是利用照片和绘图程序进行自然景观分析的示例。

图 2.1 自然景观分析示例

最大限度地提高学生参与度的方法

※ 教师可以考虑利用其他类型的技术或辅助技术增强学生的户外体验和参与度，可以用数码录音设备让学生捕捉环境中的声音并借助这些声音描述观察结果。举例来说，利用一些线上的应用程序，用户可以捕获视频和音频字节，从而将日常景色和声音（如过往的汽车声、通勤火车的隆隆声或树叶沙沙作响的声音）转换为充满动感的视听材料。这些视听材料可以任意组合，剪辑成独特的音乐片段，充实学生的观察体验。

※ 可以为使用辅助沟通设备的学生提供预先录制好的句子开头语（例如，“我看见……”或“我听到……”），并准备好数字照片帮助他们捕捉想法，增强理解。

※ 能力不同的学生两两一组整合观察结果。其中一人描述时，另外一人可以拍照。学生在小组中可扮演不同的角色，比如摄像师、记录员和数据采集者等。

※ 不要指定学生重点观察什么内容，而是要求学生自己列出他们感兴趣的现象，可指派专家小组定期与班上其他学生分享观察过程和发现。

※ 短暂探访大自然或延长欣赏窗外美景的时间是一

种平复情绪、自我调节的策略。对于某些学生来说，精神上的休息和“探访”自然都能使他们放松身心。卡恩及其同事进行了一项有趣的研究：他们在大楼顶部安装了一台高清电视摄像机，然后在大型电视屏幕“窗口”上实时显示本地的自然景观，以此创建了一个“技术自然窗口”。研究人员比较了通过技术窗口观看自然景观与通过真实窗口观看同一场景给人们带来的生理和心理影响。关于低压力下心率恢复的有关研究发现，通过玻璃窗观看真实自然景观比通过技术窗口观看技术自然景观更能促进人们恢复健康。卡恩指出，“大自然有益于健康”，我们对此表示同意。

走着学

虽然公告板、画架还有交互式白板都可以用来展示重要信息，但教师经常会忽略教室的地板也是一块待用的空白画布！教室门口的地面上、教室门口到学生书桌的那段路，甚至学生书桌下面的瓷砖都可以配上促进学生学习的图像、文字或概念。教师可以利用“走着学”活动教授许多概念，包括科学方法、二项式方程式或商业计划的组成部分等。该活动对视觉型[①]和动觉型学习者特别有帮助。

---

① 视觉型学习者（visual learners）：即在学习的过程中视觉占优势的学习者。这种类型的学习者擅长通过眼睛来记住事物以及对事物做出判断。基本上，人类本来就是主要通过视觉来获取信息的，但视觉型的学习者在学习时能够通过有效地使用视觉来获得极佳的学习效果。

教学步骤

※ 活动开始之前，教师在纸上或正方形纸板上设计流程图或系列事件的发展链条，每个正方形纸板上都包括流程图或事件发展链条的一段。

※ 然后，将正方形纸板放在教室地面上，放置的方式要有助于教师清晰地解释概念。如果授课重点是事件发展的时间顺序（例如十字军东征的时间轴），教师可以将纸板放成一条直线。但如果授课重点是循环（例如碳循环）的概念，教师要将正方形纸板放成一个圆形或其他任何有利于学生理解和记忆的形状。

※ 学生进入教室后或教师在课上引入相关概念时，可以让所有学生站立，按照顺序边走边学。

※ 教师要求学生在经过每块正方形纸板时都对其进行说明或者大声读出上面的信息。在教学当日、当周或当月，教师可以让学生一次或多次走过图表，学习相关知识。

教学案例

※ 一位五年级老师利用“走着学”活动帮助学生记忆美国民权运动中的重大事件。每天，学生从进入教室开

始就必须按顺序踏在每个方格上，然后大声朗读上面的内容（见图 2.2）。

图 2.2 “走着学”时间轴示例

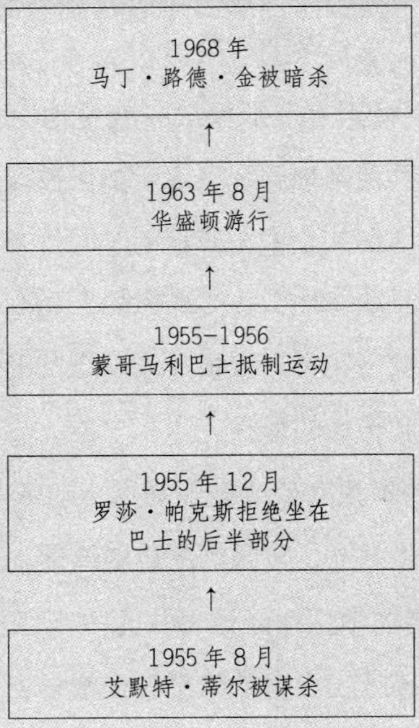

※ 一位卫生老师利用此活动向学生讲授心脏复苏术的步骤。引入该活动的第一天，全班学生用了 20 分钟不断重复各个步骤。在这一学年剩余的时间里，教师要求学生踩着这些正方形纸板进入教室。此外，她还为每一步都设计了简短的动作，偶尔会要求学生踩在正方形纸板上做

出相应的动作。心脏复苏的第一步是对着病人大声呼叫以确定其是否有意识。在这一步，她要求学生挥手大喊："你还好吗？你还好吗？"上课期间，她也不时地会考考学生心脏复苏术的步骤，以确保学生记住了这些知识。

最大限度地提高学生参与度的方法

※ 要求学生在经过每块纸板时都踩在上面，齐声朗读纸板上的单词，这有助于提高部分学生的记忆效率。

※ 让学生按照顺序跳格子。加入此类运动元素能帮助一部分学生释放精力。在讲授心脏复苏术时，教师可以先教学生各个步骤对应的动作，然后要求他们跳格子时加上这些动作。

※ 为了加深学生对学习材料的印象，教师可以要求学生也参与制作流程图或事件链，或者要求他们结成小组设计本组的"走着学"活动，之后再轮流尝试不同的活动版本。学生可以打印也可以手抄文字，并用剪贴画、照片或图画装饰方格。

※ 确保每名学生都能顺利完成教师制件的流程图或事件链。如果班上有学生在用轮椅或辅助器械，要确保他们也能无障碍地完成"走着学"活动的各个步骤。

鱼缸标签

鱼缸是一个讨论工具，用于让学生以公共论坛的形式讨论感兴趣的话题。在传统鱼缸活动中，学生们聚在两个同心圆中，内圆是讨论圈，外圆是聆听圈。通常，在讨论题目确定后，由讨论圈通过讨论解决，而聆听圈在讨论圈对话结束时再发言评论。一段时间后，内圆和外圆的学生互换位置。

“鱼缸标签”是传统鱼缸活动的增强版！在增强版中，活动节奏加快了，活动变成了立场和观点的善意交流，目的是让所有学生积极动起来和思考起来（见图 2.3）。

活动步骤

※ 安排 5 ～ 8 个学生组成里圈的小半圆，安排同样

数量的学生组成外圈的同心半圆。其余学生做观众，坐在座位上观看并聆听。

图 2.3 “鱼缸标签”位置设置

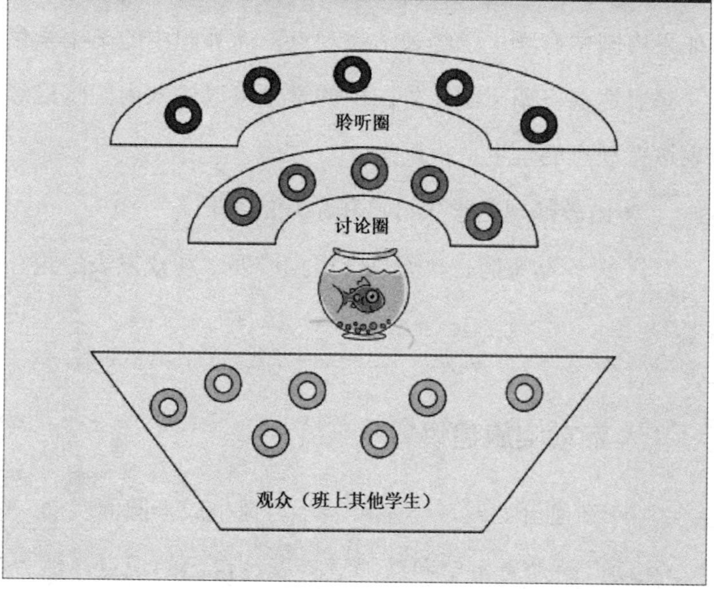

※ 用一些开放性问题或议题引出讨论，将问题放到帽子里或像活动名称所示的那样放到一个鱼缸里。

※ 请内圆的一名学生抽取并阅读问题，然后坐在内圆的学生开始自发回答问题，分享知识和见解。游戏从这里开始变得有趣起来！告诉内圆的学生，只有在讨论中发

表了观点之后才能离开椅子，离开时，要指定外圆中的某个学生替换他们，再指定观众中的一个学生补充外圆空出的座位，最后离开内圆的学生自己坐到观众席。

※ 还可以用其他方式让外圆的学生替代内圆的学生。如果内圆中有学生已经表达完观点，而外圆中的某个学生又想表达观点或想法，外圆中的学生可以进入内圆将已经表达完观点的学生替换出来。

※ 由教师规定学生讨论和游戏的时长。

※ 讨论结束时，教师总结要点或要求观众发表评论。

活动实施建议

※ 刚开始时，学生可能不习惯坐成半圆面对面互动，而是更希望向教师直接表达自己的观点，然后等待教师的回应或下一步活动。教师在活动伊始要明确自己的角色，这一点很重要。教师甚至可以直接站在“鱼缸”外围，让学生能够将注意力集中在彼此身上。只有在需要纠正学生的误解或学生的对话没有效果时，教师才介入。

※ 如果计划组织该活动，教师可以提前设置好“鱼缸”，让学生提前看到位置图，以避免在进入该活动时浪费教学时间。

※ 要求学生毛遂自荐组成内圆，但之后要表达出希望所有学生都积极参与讨论的意思。

教学案例

※ 一位高中英语老师利用该活动指导学生分析课文。这位教师设计了一些问题引导学生更深入地研究课文。在形成“鱼缸标签”的活动队列之前，老师给所有学生留出时间，先各自以书面的形式回答问题。这些问题包括：

◎ 作者是如何利用结构、细节和意象表现故事的叙述者对不同角色的态度的？

◎ 思考文中提到的历史事件以及本书的撰写时间。当时世界上发生的哪些事件可能影响了作者的创作？

※ 在一年级的一个班里，当学生之间出现意见分歧或关系有些紧张时，教师就会利用该活动开设一个论坛，让学生针对班上出现的具体问题展开讨论，并最终解决问题。比如，当班上反复出现学生物品丢失的情况时，学生们在“鱼缸标签”活动中讨论了下述问题：

◎ 一些学生注意到最近他们的物品、零食或午餐总是丢失不见。作为一个课堂社区，我们对此应该做些什么？

该班老师还利用这个活动通过诸如以下的开放性问题引导学生评论生活中的积极事件，强化学生的乐观思维：

◎ 我特别喜欢咱们班的一点是……

◎ 我希望……

◎ 最近，我遇到了一件好事……

◎ 我非常感谢……

◎ 我想要……

最大限度地提高学生参与度的方法

※ 在策略上，要先选最健谈的学生构成外圈的半圆，让观点或思想鲜明的学生推动活动的进行。

※ 让一名学生充当“标签管理员”。该生不用进入讨论圈，而是可以随机选择其他学生替换讨论圈的成员，以激发其他学生的活力（该生出人意料的举动常常能引起哄堂大笑）。教师可以为该生提供一个儿童用塑料钓鱼竿以“收线上鱼”钓到参与者，增加活动的趣味性。

※ 为锻炼学生的沟通技能，教师可以在“鱼缸标签”活动期间给他们的积极行为打分。表 2.1 中列出了学生在

“鱼缸标签”活动期间应具有以及应避免的一些行为。在使用该表格时，教师只需在行为旁边标记相应学生的名字或名字缩写并在活动结束后对这些行为进行打分即可。鼓励中学生用这个表格在活动中观察其他人的行为，并向同龄人提供建设性的反馈。

※ 为确保其余班级成员（作为观众的那部分学生）专心听讲，教师可为他们分配一个很重要的任务——观察。请参阅表 2.2 中的示例，该示例可用于向讨论者提供反馈，并询问他们参加讨论时的整体体验。

※ 有些学生可能会觉得这个活动难以理解和学习。要缓解他们的焦虑并促使他们将注意力集中到要讨论的问题上，教师可以在讨论开始之前要求所有学生静静地练习与活动有关的动作。可以只让学生练习指定替换人员和内外圆交换位置等动作，而不必真正展开讨论。

※ 如果观众里有学生需要帮助才能参与讨论活动，教师可以作为教练在观众的周围走动并（通过耳语或便利贴）给予此类学生提示，还可以给他们发提示卡，卡上列出与课程有关的事实或观点。这样，这部分学生在活动中就有合适的内容可以分享或有的放矢。

表 2.1 “鱼缸标签”：得分表

高效讨论活动	学生姓名缩写	低效讨论活动	学生姓名缩写
对问题有独特的立场、专心		不专心	
做出相关评论		所做评论不相关	
用论据支撑本人立场		表达观点时无论据支撑	
允许他人发言或参与讨论		独占讨论，喋喋不休	
认可其他学生的陈述		将讨论私人化，攻击同学	
提问清晰		所提问题不连贯或与讨论无关	
能让讨论继续下去		打断他人	

表 2.2 “鱼缸标签”：笔记与问题

姓名：________________________

你在讨论中听到了哪些重要内容？

____

____

____

____

____

你是否还有尚未表达的观点？是什么？

____

____

____

____

____

续表

你认为哪位同学最具说服力或观点表达得特别好？他们的哪些言行最具说服力？

____
____
____
____
____

在聆听讨论的过程中，你发现了哪些新问题？

____
____
____
____
____

旋转木马

在这个版本的“旋转木马”中，五颜六色的马儿不会旋转，但是少数“访客”会！这个活动非常有趣。学生在活动中会生成并分享信息，展示信息内容、研究报告或技能，同时还无须占用太多的课堂时间。最重要的一点是，该活动让学生有一种自己也是专家的感觉。当学生从一个小组转移到另一个小组并互相讲授学习材料时，他们也在强化一种观点：不只是能向教师学到知识，在学习社区中也能学到知识。

活动步骤

※ 将学生分成小组，为每组分配一个数字。

※ 给各组布置一个任务，这个任务可以是解决问

题、回答问题、讨论问题或完成项目。

※ 给学生留出足够的时间展开合作并完成任务，然后告诉学生每组必须指定一名成员作为访客。该成员将离开本组，去其他组向后者展示本组的任务完成情况。

※ 提示访客要根据其分得的编号进行轮换。如果访客是1组的成员，则他或她将轮换到2组访问，依此类推。编号最大的那个组的学生要轮换到1组访问。

※ 访客到达新组时，要与新组成员分享他们原来小组的讨论情况、讨论结果等。

※ 为访客留出几分钟时间与新组成员分享上述信息，然后提示他们再次轮换。此时，访客再与另外一组成员分享原来小组的讨论情况、讨论结果等，活动继续。

※ 将这一过程一直进行到所有访客都访问了所有小组。

教学案例

※ 一位高中戏剧老师将学生分成四人一组，要求各组成员根据自己青少年时期的经历完成题为“我的生活”的独白。学生必须时刻牢记在课堂上所学的强大独白的构成要素（比如有个人情感、有观点）并且每个人都必须贡

献至少三个想法。独白完成之后，各组选派一人通过旋转木马式的轮换在其他小组表演本组的独白。这样，每个访客都要在全班的五个小组中进行表演。

※ 一位二年级老师利用“旋转木马”活动指导学生练习复合词。在活动中，每组都要制作一张含有各种复合词（例如泳装、午餐盒）的海报并配上插图。访客在不同的小组中巡回分享各自原来小组所做的海报。患有脑瘫的费丽达沟通能力有限，因此被老师指定做访客，这样她就可以分享她的海报并有六次机会对海报进行解说。费丽达当时正在学习使用一种新的辅助沟通工具——BIGmack 转换器（见图 2.4）。在每个站点，她都会触碰一下转换器，激活一条 60 秒的信息对海报进行解说，而这条 60 秒的信息是由她所在小组的其他成员录制完成的。

图 2.4 BIGmack 转换器

最大限度地提高学生参与度的方法

※ 让最需要做重复练习的学生担任访客。例如，如果有学生正在练习流利地阅读，教师可在活动期间给他或她分配阅读诗歌、故事、剧本或清单的任务。

※ 如果被确定为访客的学生无法轻松地总结和分享其小组的知识，教师可以给该生一张组织图或备忘单，以便他在第一次小组讨论及每次轮换时使用。

※ 让访客在演示文稿中加入一个作品，举例说明或再现他们小组完成的工作。这个作品可以是照片、图画、图表或演示文稿。加入这样一个作品可以增强他们的演示效果并调动其他学生的多种感官，进而对各组中的视觉型和动觉型学生有所帮助。

※ 教师可使用此活动讲授与听讲有关的行为。大多数学生不会扮演访客的角色，其中有一些人需要学习怎样去听讲。因此，教师应明确教会学生各种听讲技巧，比如专注于演讲者、关注辅助材料、提出恰当的问题等，并评估学生的听讲情况。

菜鸟还是老手?

当学生对某一主题或概念存在明显的认知差异时，可组织此活动。在“菜鸟还是老手？”这个活动中，对某一主题了解较少的学生要去挖掘多层次、多感官材料，以更多地了解该主题，而自认为对主题比较了解的学生则用事实或例子来解释主题概念。然后，老手组的成员必须将各自的信息整合成一个连贯的小型讲座并呈现给班上的其他学生，菜鸟组的成员则需从主题学习中找出问题，向老手组提问（或难倒他们！）。

活动步骤

※ 首先，教师要向学生说明：每个学习者都既是菜鸟又是老手。是菜鸟还是老手不是绝对的，而是取决于主

题或技能是什么。比如，一个人在分子生物方面可能是经验丰富的老手，但在歌舞厅跳舞方面却是菜鸟。

※ 在开始学习新主题或教学单元时，教师要评估学生在主要概念上的知识储备和经验，或者要求学生自我评估。评估后，将学生分成两组：菜鸟组和老手组。

※ 给老手组每名成员发一张卡片，引导他们在卡片上写下他们已知的内容以及他们在该主题上可以教给其他人的内容。

※ 给菜鸟组成员每人发一张卡片，引导他们在卡片上写下与该主题有关的一个问题。针对要讲的课程，教师可以为菜鸟组提供多层次、多感官的材料（例如照片、视频、参考资料、不同难度的文本等），并用这些材料启发学生提问。

※ 在此期间，让老手组成员聚集在一起分享、验证及整合信息。到课程结束时，老手组的目标是将各自的知识点整合成一个微型演示文稿，供班上其他同学使用。

※ 最后，让菜鸟们提问，记下那些“绊倒”了老手组成员的问题，将这些问题作为单元教学的重点。

活动实施建议

活动开始时，教师首先要向学生清楚地解释菜鸟和老手之间的区别。老手对相关概念有一定的认知并认为自己对主题有所了解，可以教给其他人。菜鸟对相关概念比较陌生，并希望学习更多的主题知识。教师必须要跟学生强调每个人都有可能在学年中的某个时刻成为菜鸟或老手。为了强调这一点，教师可以做一次菜鸟，向学生学习他们专长的概念、技能或程序（例如新视频游戏怎么玩或应用程序怎么用）。

教学案例

※ 在一个二、三年级学生混合教学班里，三年级学生已经跟着同样的老师学习了一年。该班在科学课上学习蝴蝶的生命周期和行为时，组织了“菜鸟还是老手？”活动，而老师每年都会把帝王蝴蝶作为学习的重点。三年级

学生在上一年已经学过了相关主题。从班级结构的性质来看，在该主题上，三年级学生是老手，而二年级学生是菜鸟。因此，教师在单元开始时就组织了“菜鸟还是老手？”这个活动，内容侧重生物之间的相互依存及相关科学标准，主要教学目的之一是让学生了解生物体的行为模式与其环境的性质有关。

※ 在这个由教学团队共同授课的班级里，特殊教育教师引导三年级学生回想前一年的学习经历，包括观察真正的毛毛虫孵化成帝王蝴蝶的过程、放飞帝王蝴蝶以及与墨西哥（帝王蝴蝶迁徙的目的地）学生之间的交流。在三年级学生准备演示文稿对这些活动进行解说时，二年级学生复习书面材料、观看照片、观察蝴蝶标本并从中提问。老手在与菜鸟交流的过程中答不上来的问题，之后成了全班学习的重点。

※ 一名英语不是母语的二年级学生是从巴亚半岛移民过来的。他原来居住在帝王蝴蝶迁徙聚集的地方。凭借对帝王蝴蝶的第一手观察经历，他入选老手组。此外，如果二年级学生具有相关的蝴蝶知识，也可自荐到老手组。

最大限度地提高学生参与度的方法

※ 不管是在学习主题还是在非学习主题上，采用本教学手段都很重要，因为它让所有学生都有机会分享自己专长的知识。在组织活动时，要避免学生每次都是老手或菜鸟的情况发生。

※ 有些学生需要帮助才能具有专业知识，或者具有成为老手必需的足够的专业知识。教师可以为特定的学生提前教学或为他们提供共享信息，促进菜鸟组参与活动的积极性。

※ 在老手组演示文稿之前，让他们再查看一遍材料，以确保知识的准确性。

※ 允许菜鸟们两两一组或多人一组提问。

※ 对于不会提问的学生，为他们列一个问题清单，让他们从中挑出最感兴趣的问题。

※ 活动中还可设置一个主持人的角色。承担该角色的学生负责记录菜鸟们在课堂上提出的所有问题，并将其呈现给老手们。如果主持人需要借助辅助沟通工具才能完成这项任务，则可以将这些问题输入到其沟通系统中，或上传到一个具有语音输出功能的应用程序中。

行走的广告牌

在全班授课时，一部分学生经常积极举手回答问题，使得其他害羞或者不自信的学生只能被动参与。除了只是叫起个别学生回答同一个问题，教师可以要求所有学生都给出答案，然后让他们“穿着”自己的答案在教室里来回走动，“宣传”他们的想法。因为是“行走的广告牌”，学生在活动中要一直保持微笑，不能交流，不过得按照活动要求阅读、分享、联想和思考内容。

如果教师提出的是开放性问题，即问题的答案没有正确或错误之分，那么组织这个活动效果最好。活动时长可以是几分钟，也可以是整整一节课。在活动过程中，人体广告牌要不停地走动、展示和分享。

活动步骤

※ 首先，为每名参与者提供一张活页纸和一支记号笔。提出一个问题（或几个相关问题）并要求学生在活页纸上写下或画下各自的答案。

※ 给每个学生发两块胶带并引导所有学生将活页纸粘到自己的衣服上，告诉学生他们现在是“行走的广告牌”了。

※ 引导学生在教室里四处走动并阅读其他“广告牌”上的答案，同时确保自己“广告牌”上的答案也能被其他同学看到并读到。在此过程中，学生之间不能讲话。“行走的广告牌”是一个安静的视觉活动，旨在让学生将注意力集中在他们看到的而不是听到的内容上。

※ 给学生留几分钟时间在教室里漫步，然后要求他们回到座位上。

※ 简单测试一下学生们都看到了什么，并讨论他们对各种答案的反应。

教学案例

※ 一位英语老师在教学生如何写好短篇小说时让学

生们回答这样一个问题："在一篇好的短篇小说中，读者常常能够发现________。"

※ 然后，她给学生留出 5 分钟时间在一张活页纸上作答，并对学生说："完成作答后，请将自己的答案穿到身上。"之后，她演示了怎样将活页纸"穿"（粘）在身上。等所有学生都将答案"穿"到身上以后，教师打开计时器，设置时长 10 分钟，同时要求学生在教室内来回走动并阅读其他同学的广告牌。她鼓励学生们在不跑动、不推搡或干扰其他人的情况下尽可能多地查看其他同学的答案。等学生返回座位之后，教师要求他们在纸上写下他们能想起来的尽可能多的答案。然后，全班讨论了一篇优秀的短篇小说究竟是什么样的。

※ 一位高中物理老师以工作和能源为主题上了一节微课。她要求每个学生都在一张纸上尽可能多地写下并说明特色关键词和概念，然后让他们将答案粘在身上做"广告牌"，相互查看彼此的答案。这样，学生不仅获得了一定的休息时间，复习了知识，还了解到其他学生对知识的理解情况，同时教师还能评估学生整体对学习材料的理解情况。练习结束后，教师将活页纸收上来，扫描成一个文档，供学生第二天复习和讨论时使用。

最大限度地提高学生参与度的方法

※ 允许学生开口交谈一会儿。在活动的信息分享环节，教师可以让学生详细说明他们的书面答案并提出问题。这样能够帮助那些未能从阅读他人答案中获得自己所需信息的学生，同时也为阅读速度慢或刚开始学习阅读的学生提供帮助。

※ 为激发学生的兴趣，可以为他们留出时间装饰“广告牌”，允许使用插图或贴纸、模具或艺术字体等。在学生努力让自己的“广告牌”新颖难忘时，教师可以向他们介绍一些广告宣传的秘诀，比如可以鼓励学生使用粗体字样、创作醒目的标语或创建能引起同学注意、让同学回忆起来的图标或图像等。

※ 学生在教室内走动时，教师可以为他们拍照。如果之后有谁想重温学习内容和该练习，那这些照片可以用作一种非正式的趣味复习资料。

※ 指定一名学生扮演研究人员。该生可以四处走动观察“广告牌”，并在图表或交互式白板上记录信息，还可以将数据制成表格，并以图表或列表的形式发布最常见、最独特或最显著的答案。这项任务适合需要知识拓展或喜欢完成分析任务的学生。

晚宴

想必我们都参加过晚宴。在晚宴上，宾客三三两两地聚在一起，简短地交谈。随着新宾客的不断到来或者人们之间的自然组合，参与聊天的人和聊天的主题会不断变化。本活动模仿的正是这种随意的小组互动，不同的是，学生在活动中不需要做饭、布置或准备！

“晚宴”活动鼓励学生相互联系、合作和沟通，可用于团队建设，也可用于小组讨论和全班问答。

活动步骤

※ 设计几个主题或与内容相关的问题。

※ 提出第一个问题或主题，并念出 2 到 6 之间的一个数字。这时，所有学生都要站起来，在教室里随意走动

并根据教师刚才念出的数字结成小组（例如，如果教师念的是数字2，学生应两两一组），然后迅速地与小组成员交流观点。

※ 片刻之后，教师提出一个新主题或问题，并念出另一个数字，学生此时必须根据教师念出的数字再次分组，并与新组成员展开互动。

※ 几轮之后，要求学生分享他们在小组中听到的观点。

※ 询问学生类似下面的问题：

◎ 你听到的最有趣的事情是什么？

◎ 你是否在其他同学的回答中找到了共同的主题？

◎ 找出一种让你费解的观点。

◎ 你学到的一件事。

活动实施建议

如果学生小组的规模较小（两人一组或三人一组），教师可以提一些相对复杂难懂的问题，随着小组规模的不断增大，再提问不太复杂的问题（例如可以简短作答的问题）。

教学案例

※ 在介绍概率和统计时，一位老师为“晚宴”活动提出了以下讨论问题：

◎ 数据收集的方式有哪些？

◎ 你是否质疑过民意测验或调查的结果？为什么？

◎ 分享一种你在日常生活中见过的统计数据的使用方法。

如果聚在一起交谈的学生人数较多，教师会要求他们回答一些可以简短作答的问题，例如“数据收集的方式有哪些？”和“分享一种你在日常生活中见过的统计数据的使用方法”。如果聚在一起交谈的学生人数较少，则教师会要求他们讨论需要深入讨论的问题，例如“你是否曾经质疑过民意测验或调查的结果？为什么？”。

※ 一位中学器乐老师利用“晚宴”活动帮助学生教授和学习爵士乐。活动开始后，在约翰·科尔特兰的音乐声中，他要求学生各自组队，然后提出了以下问题：

◎ 你听到了什么？

◎ 歌手通过这首乐曲想与人们交流什么？

他给学生留出了讨论时间，然后让学生换组。接着，他又播放了迪兹·吉莱斯皮的音乐，并重复了上面的问题。在50分钟的授课中，他接连播放了比莉·荷莉戴、埃塔·詹姆斯和塞隆尼斯·蒙克的音乐，让学生在这些音乐声中重复上面的练习。

患有自闭症的学生加布因为对爵士乐有浓厚的兴趣，所以对本课特别感兴趣。为了使这项活动对他更有意义，老师并没有只是让他简单参与，而是邀请他担任活动主持人。老师负责宣布问题，加布负责宣布组员人数。等学生完成"晚宴"讨论后，老师还邀请他为其他学生介绍了相关艺术家的更多信息。

最大限度地提高学生参与度的方法

※ 一些学生（尤其是有语言学习障碍或英语非母语的学生）难以应对意想不到的快速提问。教师可以提前将相关问题告知这部分学生，让他们先口头或书面组织答案，以此为他们提供帮助。学生在小组讨论时可随身携带并参考这些答案。

※ 如果学生对本活动不熟悉，教师可以提前让他们看到问题。当其他学生在静静地思考问题时，一部分学生可以先跟教师、治疗师或同伴简短地练习如何回答问题。

※ 如果有学生在切换小组时无法找到新伙伴，教师可以在教室里来回走动，帮助他们组成适当规模的小组。如果教师想让分组更有意义，可以提前分组。给每个学生一张卡片，卡片上列出每个小组要寻找的新成员的姓名。例如，学生手中卡片上的信息可能是这样的：

◎ 1 组——找汤姆、阿曼达、玛雅和克里斯

◎ 2 组——找兰迪和保罗

◎ 3 组——找瑞恩

※ 为了使这项活动更加别出心裁，可以延伸晚宴的含义，在活动中提供饮料、水或健康小零食。这些茶点或许能唤醒一些昏昏欲睡的学生，为他们提供“思考的食粮”。此外，还可以在学生聊天和互动时播放柔和的背景音乐。

你的同伴

谁与你兴趣一致？谁与你的思维方式相同？谁知道你都知道什么？梅尔希尔伯曼设计的快节奏游戏“你的同伴”能够回答包括上述问题在内的很多问题。这个游戏适用于复习知识、打破沉默或介绍新的学习材料等。教师可以用30分钟或者一节课时间组织这项活动，也可以在课堂教学的最后5分钟内组织该活动，扼要总结课上涉及的知识点。通过这个活动，学生能了解其他同学的观点和知识，同时还能发现彼此共同的兴趣、想法，甚至价值观。

活动步骤

※ 在游戏的准备过程中，教师要列出一系列问题。这些问题应：（a）适合教学或复习学习内容使用；（b）

让学生有机会选择答案。换句话说，这些问题的答案应该是有限的。示例如下：

◎ 你是否知道如何将二项式相乘？

◎ 你最喜欢《紫色》中的哪个角色？

◎ 你最想访问哪个西班牙语国家？

然后，在教室中腾出一些空间，或者让学生站到课桌之间的过道里。

※ 提出问题并要求学生在教室里四处走动，寻找与他们答案相同的其他人。这样，有相同答案的学生会分别聚在一起。如果问题的答案很多，要告诉学生各组之间保持距离，以便区分。

※ 学生找到同伴之后，请他们与他们的同伴握手。然后，教师让学生总结参加游戏的情况——可以讨论他们所选的类别，也可以解释他们做出这样选择的原因。举例来说，如果教师让学生从书中选择自己喜欢的角色，则可以点名让学生解释一下他们的选择，并让其他小组的学生对这些选择进行质询以及提问，所提问题应清晰易懂。

活动实施建议

学生完成分组之后，让各组一起坐下或让各组组员相互挽起胳膊，这样所有参与活动的学生都可以看到有哪些小组、每个小组在哪里。为了让分组更清楚，可以要求学生举牌，上面显示本组的名称或同一特征。

教学案例

※ 五年级一个班的学生在学习美国的地区（例如西北部、中西部等）时被要求回答以下问题并找到“他们的伙伴”：

◎ 我出生的地区

◎ 我最想访问的地区

◎ 拥有或似乎拥有最佳景点的地区

◎ 看起来最美丽的地区

◎ 看起来有最重要的自然资源的地区

准备这项练习时，教师要求学生复习教科书中与这些问题（例如自然资源、旅游业）有关的知识，以便他们能够就自己所做的选择给出深思熟虑的、循证的解释。

※ 在学习《人鼠之间》这一单元时，一位高中英语老师要求学生在以下问题上找到“他们的伙伴”：

◎ 最敬佩的书中人物

◎ 书中最容易被人误解的人物

◎ 书中最弱的角色

◎ 书中最值得同情的人物

学生每到一个新组，就要与新组成员讨论为什么他们会选择这个人物以及书中哪些具体的证据促使他们做出如此选择。如果学生需要帮助才能识别和记住人物的性格特征和动机，则允许他们随身携带平板电脑，必要时可参考笔记或浏览电子阅读器上已经突出显示的课文部分。

最大限度地提高学生参与度的方法

※ 有些学生可能背景知识储备不足，例如，在被问到最喜欢的有氧运动时，有些学生会去寻找其他爱跑步或骑自行车的同学并与后者轻松成组，但还有一些学生并不知道什么是有氧运动或者哪些运动属于有氧运动。对于后

者，教师需要就该主题进行预先教学，帮学生找到答案。

※ 展示与讲述。将问题写在白板上，这样学生既能听见又能看到所有选项，或者为一些学生提供索引卡，卡上列出上述信息，方便他们在教室里不断移动的过程中时时提醒自己任务是什么，问题又是什么。

※ 保持安静。为了使活动更具有挑战性（同时为了帮助英语为非母语的学生），要求学生在不讲话的情况下找到“他们的伙伴”。这样，学生必须很有创造力才能找到小组中的其他成员。

※ 在学生完成分组之后，教师点名叫起个别学生解释他们的选择并为自己辩护。教师所提的问题要根据学生的需求和能力的不同而变化。比如，教师可以问一部分学生非常具体的问题（例如“你为什么喜欢乔治？”），而问另外一部分学生非常复杂的问题（例如“乔治象征着谁或象征着什么？”）。

分类、归类和组织

该活动旨在帮助学生理解并传递新信息，在此过程中获得新发现并且解决问题，从而促进他们的学习。它有助于学生了解不同信息之间的联系，并能让学生与教师一起积极介绍重点概念。通常，学生自己努力解决难题时所发现的要点也是教师准备讲授的教学要点。这一活动可以提高教学过程中的自发性，确保教学时间不会直接浪费在教学生他们已经知道的或借助一些手段能够自己发现的知识上。

活动步骤

※ 教师根据即将讲授的概念制作便笺纸、纸条或真实图片。这些概念可以被分为或归入两个或两个以上组别，

或者可以按顺序排列（例如不同的物种、各种词性等）。

※ 给班上每个学生发一张卡片，该卡片（或纸条、图片）至少可归入一个类别或组，然后鼓励学生在教室内四处走动，查看彼此的卡片，并找到属于同一组的其他人。

※ 等学生完成分类以后，教师为各组留出时间，确认本组所属的类别并明确不同信息之间的关系。然后，各组根据教师要求向全班报告其观察数据和结论。如果小组成员还知道与该概念或主题相关的新知识或其他知识，也可以在汇报中添加此类知识。

※ 各组完成报告之后，教师用各组提供的信息强调知识要点、消除学生的误解或就整个主题进行简短授课。

活动实施建议

为了简化学生的任务并节省时间，教师可以在活动开始时将类别告知全班同学（例如“大家每人的卡片上都有一个国家名称。现在你需要去找所持卡片上的国家与你卡片上的国家处在同一个大陆上的同学”）。

教学案例

※ 一所小学的图书管理员在为学生讲授文学体裁时组织了此活动。她给每个学生发了一本书，要求他们查看书名并阅读书的简介。学生必须根据书的体裁（例如推理、悬疑、恐怖、戏剧、科幻小说等）对自己进行逻辑分组。

※ 一位一年级老师利用该活动教学生对动物进行分类（例如鸟类、爬行类、哺乳类、两栖类、鱼类等）。班上有个学生患有唐氏综合征，并有中度智力缺陷，该生参加此活动主要是实现语言和阅读目标，即识别蛇的图片并用班上其他学生都能听到的音量大声朗读卡上的“鳞状皮肤”一词。其他学生要确定该生卡片上的动物是否属于他们组的类别。

※ 一个由普通教育教师和特殊教育教师组成的四年级教学团队制作了很多卡片代表不同的方程式。在将这些卡片正确组合后，解题方案便显而易见了。下面是他们制作的卡片示例：2、10、（×）、15、12、（-）、13、（=）、120、（=）。当学生正确地分为两组（每组四人）时，将构成以下等式：10×12=120 和 15-13=2。教师可以通过制作不同难度级别的卡片（并最终用卡片组合成方程式）轻

松求解数学题。一些学生小组列出了代数方程，另一些学生列出了分数，还有一些学生展示了加法 / 减法的过程。

※ 在一堂以医疗干预为教学重点的高中健康科学课上，教师制作了很多卡片，上面写着各种药理学药物的通用名称。教师带领学生进行了三轮活动。在每轮活动中，学生都以不同的方式进行逻辑分组：按药物类型（例如兴奋剂、抗抑郁药、利尿剂等），按药物的副作用以及按药物治疗特定疾病的方式。

最大限度地提高学生参与度的方法

※ 如果学生尚不具备将卡片上的信息准确地关联到相关类别的技能，教师可直接告诉他们要寻找的信息是什么，例如“你的卡片上有猫头鹰。猫头鹰是一种鸟。你要去寻找同样拿着鸟类卡片的其他人”。如果即使这样对于学生而言也很复杂，教师可以完全改变活动目标，仅要求学生找到匹配卡片即可。在这种情况下，教师要准备两张相同的猫头鹰卡片，给学生分配的任务将变成：寻找另一只猫头鹰。然后，这两个学生需要一起找到他们的分类、归类和组织小组。

※ 每组都有一张彩色卡片，上面是本组所属类别的

统称。其他学生必须找到持有此卡的本组学生并与后者组成一个逻辑小组。对于那些需要额外帮助的学生来说，这种调整可能特别有帮助，因为持有彩色卡片的学生不用去寻找其他组员，而其他组员必须找到他/她。在这些彩色卡片上可以列出与主题或学生小组相关的其他信息（例如，由于皮肤上没有壳、鳞片或干燥的覆盖物，两栖动物大多生活在潮湿的地方以防止脱水），因此，持有彩色卡片的学生可以在成组后与同组成员分享此信息（并担任专家角色）。

※ 可以为学生提供不同类型的信息，比如单个单词、短语或图片等。

如果班上有学生无法与其他同学合作并且与同学聊天时会紧张，教师可以给这样的学生提供一张卡片，上面是他们熟悉并有可能教给他人的内容。

※ 如果学生还能做出更难的决定，进行更难的互动，教师可以为其准备一张适用于多个类别的卡片。持此卡的学生必须证明其与多个小组之间的联系。

集体头脑写作

这一教学手段是对谚语“三个臭皮匠，顶个诸葛亮”的诠释。在“集体头脑写作”活动中，学生可以分组，然后集体解决同时提出的多个问题。根据主题的不同，此教学手段可以是激情四射的，也可是相对安静且低调的。因此，教师可以进行相应的调整，以满足学生的需求和任务要求。

教学步骤

※ 将学生分为不同规模的小组，成员从四到八人不等，引导小组中的每个成员考虑一个要解决的问题，并以书面形式总结在半张纸上。

※ 学生写完以后，让他们将纸放在桌子中间。

※ 然后，要求学生拿起一张其他同学写好的纸，默

读问题，并在纸的另半张空白处写下至少一个解决方案。

※ 学生完成此步骤后，将纸放回桌子中央，然后再另选一张纸（或者将这些纸递给坐在他们左侧的同学）。在第二张纸上，学生应接着前一个同学的解决方案继续添加新的解决方案。

※ 在规定的时间内一直进行这样的交流，让学生有机会多回答几个问题。

※ 活动结束时，让学生取回各自的纸张，仔细查看其他同学给出的建议并在适当时选择实施一种或多种解决方案或实践一些想法。

教学案例

※ 在研究了各种污染的影响并提出解决方案后，教师要求学生就环境问题提问，例如“如何减少城市雨水径流污染？”和“如何减少或消除汽车尾气中的空气污染物？”。根据环境部门的研究，针对第一个问题生成的解决方案有：

◎ 不往垃圾桶、雨水渠、街道或下水道中倒油或油脂。

◎ 不在户外使用漂白剂和清洁剂等有毒化学物质清洁垃圾容器。

写作能力不足的学生可以用图片和短语展示自己的解决方案。

※ 该活动为学生提供一个论坛，使他们可以安全地讨论敏感问题。有一位老师在活动中要求学生回答与学校和个人生活有关的问题，例如“描述一种让你感到同辈压力的情况”，学生在活动中会鼓励其他同学或给他们提建议。教师有时也会将该活动组织成开放性的——不给学生提问题，而是鼓励他们自己找出困扰他们的事情。

最大限度地提高学生参与度的方法

※ 通常，学生需要练习才能具体描述自己的问题，让读者了解他们的情况。所以，教师可以增加一个活动环节：允许学生先简短地描述一下自己的问题，然后再将写好问题的纸张放到桌子中央。

※ 对于有书写困难的学生而言，他们很难跟上同学们交流的节奏。一些学生需要用辅助技术或辅助沟通系统才能跟上同学的步伐。在这些情况下，要允许一个、几个或者全班学生使用笔记本电脑或平板电脑。教师可以创建匿名的谷歌文档，让学生将想法添加到文档中，实现活动过程的无纸化，并且缩短学生的作答时间。

教授段落

学生不必非得拥有博士学位才能参与这个活动，但他们必须具有与人分享知识的意愿。“教授段落”能把所有学生都变成活动当天的专家。它常常被用作测验或测试前的复习活动，因为鼓励学生更仔细地阅读和识别他们能理解和不理解的文本以及重复阅读学习材料，因而可以促进学生对书、章节、文章或文档的理解。

活动步骤

※ 让学生简要回顾教科书上或其他阅读材料中的一小部分（例如博客文章、报纸文章等）。

※ 要求学生找出一个（或多个）自己理解也能为其他人解说的段落。教师也可以给他们指定段落。

※ 引导学生在一张大的索引卡上对上述段落内容进行总结。

※ 总结完后，让他们站起来寻找学习伙伴。之后，留出两到三分钟时间让他们与学习伙伴互相学习对方的段落。几分钟后，教师宣布“交换伙伴”，学生重复该过程。

※ 可以让学生一次、两次或多次交换学习伙伴。

教学案例

※ 一位社会研究学老师利用“教授段落”这一活动教授学生美国宪法。由于文本很长、很枯燥，他觉得可以利用这个活动为学习增添趣味性，同时为学生创造机会去解释文本并将其翻译成当代语言。尽管很多学生在活动中选择了相同的文本片段（例如前言），但老师认为学生之间的互动能使他们获得关于文本的多种解释，帮助他们理解为什么那些教授、学者、律师、法官甚至美国的总统们永远都在从理论上解释美国宪法，围绕美国宪法不断地探讨和争论。

班上有两名学生存在学习障碍，其中一名学生和老师一起准备卡片，之后对所选段落进行了口头解说，而老师作为抄写员写下了学生的答案。另一名学生选择将其作为家庭作业，晚上在家口头意译了所选段落，之后用数码录音机把它录了下来。这样，在与同伴练习之前，他可以先听听自己的回答并练习总结摘要。

最大限度地提高学生参与度的方法

※ 让一些存在语言和沟通困难的学生提前制作卡片。在制作卡片的过程中，为有需要的学生提供同伴帮助。

如果很多学生在写作和意译方面有困难，教师可以复印文本并允许学生选择和剪贴想要分享的段落。在意译环节，允许学生突出显示关键词或段落，并在他们认为最重要的部分下面画线。学生也可以使用电子产品参与此活动。

※ 为进一步加大活动难度并增强学生对于文本的理解，可以建议甚至要求学生为自己所选的段落配上插图。这项额外的任务益处多多：它能引起艺术型和视觉型学生的兴趣并加深其他学生的理解——因为要画出复杂的概念，所以学生不仅自己要理解概念，还要考虑如何让其他人也理解。教师甚至可以教学生使用特定的视觉映射符号。可以向学生介绍这些符号，然后让他们用这些符号快速有效地分享信息（关于科学课中可能采用的符号示例，参见

图 2.5）。

图 2.5 视觉映射符号

第三章

学习与复习

边画边讲

在完成阅读作业时，学生常常都已经读到一本小书、一个章节或一篇长文结尾了，却想不起来或理解不了刚刚所读的内容。如果能把这些阅读材料拆分成小段，将有助于他们理解。在“边画边讲”活动中，阅读材料被拆分成小段，学生通过画导图和复述加深记忆。当然，这个活动也深得所有喜欢涂鸦、素描和漫画的学生的青睐！

该教学技巧适用于虚构类文本和信息文本。对于虚构类文本，它可增强故事的结构、语言和意象；而对于信息文本，它可帮助学生确定最重要的单词或细节。

活动步骤

※ 给学生每人发一张纸。让他们把纸水平折叠一次、

垂直折叠一次，分成四等分，然后为各部分编号，左上部分编为1，右上部分编为2，依此类推。

※ 教师开始阅读文本（一页、一段或一节）。

※ 到指定的地方（例如，读完3页以后）停下来，让学生思考刚刚听到的内容，然后根据刚刚听到的内容在纸的左上部分画图。

※ 教师继续阅读。

※ 到第二个停顿处，教师再次停下来，让学生画出他们刚刚听到的内容，这次要画在纸的右上部分。

※ 教师继续阅读，直到将文本阅读完毕，并且学生在纸的四个部分中均完成画图。

※ 让学生两两一组复述内容。每个学生都应使用自己的故事导图复述故事或回顾段落内容。教师可为学生留出大约五分钟时间，以确保各组成员均完成复述。

教学案例

※ 在一堂高中社会学课上，老师阅读《纽约时报》上的短文，在这期间学生做“边画边讲”的练习。当所有学生或大多数学生都对短文的内容或词汇不熟悉时，该活动的效果特别好。

图 3.1 “边画边讲”示例

※ 班上有个学生患有自闭症，无法轻松自如地绘画或使用铅笔，因此她与同伴一起为《分水岭》一书制作了故事导图，该书讲述了薇拉·凯瑟的一生（见图 3.1）。在阅读、绘画和制作故事导图时，该生并无明确要实现的目标，她画了铅笔草图，而她的同伴则负责为草图着色，并且在图上贴了贴纸以丰富细节。

本活动的另一版本

学生独自阅读时也可以边画边学习。在独自阅读时，他们可以选择文中的四个地方停下来，绘制故事导图，等同伴也完成故事导图之后，与对方分别复述故事。

最大限度地提高学生参与度的方法

※ 可以教学生运用艺术性或象征性手法为事件画插图，即简单画一条路线或小径，在阅读过程中顺着这条路线或小径配插图。学生也可以按时间顺序在笔记本中或按编号顺序在纸上的方框中通过视觉笔记来映射内容。

※ 为存在运动计划[①]障碍的学生提供更多辅助材料。给那些在绘图或添加单词和短语方面有困难的学生发贴纸或印章，供他们画图时使用。将关键字和词组制成标签，发给学生用作“即撕即贴”的黏性便利贴。另外，可以让这部分学生在绘画时使用微软的画图软件或涂鸦好友软件

---

① 运动计划（motor planning），神经生理学名词。

之类的应用程序。

※ 让学生根据故事长短来绘制故事导图。如果故事简短，学生可能只需要停下来绘图三次即可；但如果阅读材料是教材里的某一章，正好包含六小节，那么让学生画六幅插图也是合理的。

我来说最后一个

“我来说最后一个”是一个小组讨论策略，旨在帮助学生反思所读的内容并理解各种观点、释义和看法。尽管这个活动最初是为了扫盲而设计的，但它其实适用于所有课程。

在小组讨论中，人人都想率先发言，为此小组成员之间经常暗地里竞争。但最后往往是少数几个人主导讨论，而其他人则保持沉默或被动参与。本活动的设计是，在第一个学生发言之前，所有参与者都要先提交自己的回答，而且必须是结构严谨而系统的回答。这就避开了上述常见的弊端。因此，第一个发言的学生其实也是最后一个发言。

在“我来说最后一个”活动中，小组成员之间达成的共识可以澄清和深化个人理解，使得该活动对各个年级具有广泛适用性。它可以促进读书会成员对所阅读书籍进行章节分析，也可以帮助学生针对不同观点准备辩论或鼓励学生在研究活动中认真记笔记，还可以用于汇报电影内容和分析其他诸如广告、卡通形象或插图等视觉媒体。同时，因为有助于学习者通过深入研究发现细微差别，关注各种细节或联系，从而更进一步理解阅读材料，它也是对精读的有益补充。

活动步骤

※ 让所有学生阅读同样的故事、短文或段落。

※ 学生独自阅读时，要求他们找到并标出他们感兴趣或想要发表评论的五个句子。这五个句子可以是他们所认同的、不认同的、曾经听说过的、觉得有意思的或仅仅是想评论的。

※ 给学生发索引卡，要求他们在每张卡的正面写下一个句子，然后在卡片背面写下想与其他组员分享的评论。

※ 让学生一卡一句，重复此过程。

※ 然后，将学生分组，每组一名成员向全组朗读卡片上的一个句子——仅朗读卡片正面的内容，但对内容不

做任何思考、反思或评论。不过，该生要邀请小组其他成员回应此句子并发表评论。在所有人都发表完评论后，写下该句子的学生负责“盖棺定论”，可以阅读卡片背面的内容，同时补充一些评论或看法。

※ 选另一位小组成员重复该过程。

※ 继续此过程，直到学生读完所有卡片上的所有内容并完成讨论。

教学案例

※ 在一堂针对高中生的社会研究学课上，教师组织该活动，带领学生研究了美国仇恨犯罪的历史事件。教师从《给艾默特·蒂尔的花》一书中选取诗歌分给各组，要求学生从中选取与谋杀事件相关的诗节，这些诗节应能让他们产生共鸣、使他们感到困惑、包含对历史事件的新见解。在对彼此所选的诗节发表评论的过程中，小组成员对比了不同人的不同理解，并从同龄人的经历、反思和理解中受教。

※ 一位九年级代数老师在学生的每日作业复习小组中使用了这种方法。他要求学生在卡片的正面出一道特别具有挑战性的代数题，同时在卡片的背面写出解题方法。

每个学生都必须讲一讲如何求解卡片上的数学题。在每轮活动结束时，学生都能学到多种解题方法。

最大限度地提高学生参与度的方法

※ 要确保所有学生都能找到阅读材料并理解相关任务。举例而言，如果是初中生阅读加里·保尔森的小说《斧头》，可以让学生在线检索该书的改编版。改编版文字简单，同时附有照片。使用此版本时，学生可以在组内分享照片或文字摘录。

※ 将研究对象的范围扩大到书以外。利用“我来说最后一个”活动让学生研究漫画小说、诗歌、网站、歌曲或视频片段。

※ 将句子从五个减少到一个，活动从五轮减少到一轮。

※ 允许学生与伙伴合作。如果一个学生负责搜寻要分享的内容，那么他/她的伙伴可以负责清楚地解释或评论该内容。如果学生刚刚开始学习阅读，他们在参加活动时可能需要伙伴的提示。学生可用如下问题进行提示：

◎ 你想不想谈一谈 _____ 或 ________？

◎ 你想分享什么示例？

※ 对阅读材料进行改造。将文中一些地方做突出显示以便于学生选择，或者准备一些资料卡片，上面包含已选阅读材料的相关要点或示例。为学生提供多种选择有助于他们更进一步理解文本内容。

※ 选小组组长。为确保小组成员分享观点并积极互动，指定一名学生做组长。表 3.1 是一个小组活动参与记录样本，可用来监测学生的参与情况。

表 3.1 小组活动参与记录

在每轮“我来说最后一个”活动中都可使用一张小组活动参与记录卡。将小组成员的姓名分别写在首列和首行相应的空格中（比如，如果朱莉在活动中最先发言，则将她的名字分别写在首列和首行第一格中）。

姓名	1.	2.	3.	4.	5.
1.	已分享卡片正反两面的内容 是_____ 否_____	参与互动 是_____ 否_____	参与互动 是_____ 否_____	参与互动 是_____ 否_____	参与互动 是_____ 否_____
2.	参与互动 是_____ 否_____	已分享卡片正反两面的内容 是_____ 否_____	参与互动 是_____ 否_____	参与互动 是_____ 否_____	参与互动 是_____ 否_____
3.	参与互动 是_____ 否_____	参与互动 是_____ 否_____	已分享卡片正反两面的内容 是_____ 否_____	参与互动 是_____ 否_____	参与互动 是_____ 否_____
4.	参与互动 是_____ 否_____	参与互动 是_____ 否_____	参与互动 是_____ 否_____	已分享卡片正反两面的内容 是_____ 否_____	参与互动 是_____ 否_____
5.	参与互动 是_____ 否_____	参与互动 是_____ 否_____	参与互动 是_____ 否_____	参与互动 是_____ 否_____	已分享卡片正反两面的内容 是_____ 否_____

随着音乐起舞

准备好音乐播放列表，在音乐响起时，敬请期待学生们随着音乐摇摆、扭动、旋转起来吧！“随着音乐起舞”不仅能够提升心情，而且真的可以让学生动起来。这项活动非常适合在周一早上和周五下午组织。简单地讲，它可以唤醒教室里疲惫的学生，也可以吸引那些精力异常充沛的学生，让他们得以集中注意力，投入到学习中（相比课堂内容，后面这部分学生更关心 15:00 的下课铃声）。要组织“随着音乐起舞”这个活动，教师只需准备几首流行音乐和几个用来讨论或进行头脑风暴的问题即可。

活动步骤

※ 开始播放音乐，让学生在教室里四处走动，告诉

他们必须不停地走动并且相互之间不要交谈。

※ 片刻之后，停止播放音乐。

※ 接下来，要求学生走向离他们最近的人，并与此人结为小组。

※ 在白板上写下问题，学生可以求助于他们的伙伴并与后者展开讨论。

※ 几分钟后，再次播放音乐，提示学生又要动起来了。让学生“随着音乐起舞”一两分钟。

※ 再次停止播放音乐。学生再次走向离他们最近的人，并与后者讨论教师布置的一个问题。

※ 重复此过程，直到所有学生均已与几个伙伴完成讨论。

※ 最后，让学生返回座位，讨论他们与伙伴分享的或从伙伴那里听到的想法。

活动实施建议

教师可以教学生合理利用有限的时间。举例来说，如果教师打算每个问题给学生留出五分钟的讨论时间，那么可以要求他们注意发言时间，提醒他们每人在每次讨论互动中可以发言两分半钟左右。

教学案例

※ 一位三年级老师在学年之初组织这个活动，以了解新生的数学技能和能力。他所提的问题如下：

◎ 做加法时，我用的一个方法是……

◎ 做减法时，我用的一个方法是……

◎ 如果我不知道问题的答案，我会……

◎ 一说到数学，我会寻求……的帮助

他要求学生集体讨论，同时要做笔记，这样可以促进同龄人之间相互学习，有助于他们记住一些解题新方法。

※ 一位写作老师极富创造力，经常组织“随着音乐起舞”这个活动来启发学生，使他们能够通过各种新方式从其他作家那里获得关于他们写作构思的反馈。有一天，为了鼓励学生开始创作新故事，她给他们设置了一个银行抢劫犯的主题，并给出以下几点提示：

◎ 描述一下这个抢劫犯。

◎ 写出至少三个与抢劫犯过去有关的细节。

◎ 描述一下抢劫犯即将抢劫的银行。

◎ 构思一个曲折的故事情节。

活动结束后，教师让学生们立即返回座位开始写作，要求他们一直写作至少 20 分钟，其间不要“思考、停顿、修改或评价”。

这位老师偶尔也会直接参与活动。这时，她通常会选一名学生负责播放音乐并提问，然后在活动中紧挨着那些需要帮助或指导的学生，音乐停止时，和这些学生一起讨论。这样，她既能为学生提供信息，也能从学生那里获取信息并在小范围内评定学生的表现。她特意用本活动增加学生的学习难度，同时还与两名存在学习障碍的学生结为学习伙伴。这两名学生在活动中需要大量帮助和准备，否则很难提出或回答与学习内容相关的问题。

最大限度地提高学生参与度的方法

※ 接受请求！选择学生喜欢的或可能会感兴趣的音乐。如果有学生看起来心不在焉或没有兴致，教师可以让他们选择要在游戏中使用的音乐，甚至指定他们做游戏主持人，负责播放音乐。

※ 可邀请合作伙伴进入课堂。治疗师、社工、学校心理学家、言语病理学家和阅读专家可以与学生一起“随着音乐起舞”。这些教育工作者可以利用活动机会与学生简短地会面、进行技能练习或评估学生的能力。

※ 让学生在游戏中练习社交和沟通技巧。让他们练习互相问候和互相赞美（例如“我真的很喜欢你的答案”）、扣题讨论或话轮转换。

※ 为了吸引动觉型学生，教师可以要求学生在音乐变换时以某种方式跳舞或移动。例如，一位恰巧正在讲授埃及相关内容的教师要求所有学生在教室里“像埃及人一样走路”。为了给游戏增添乐趣，她还播放了该国流行的现代音乐沙阿比[①]。

① 沙阿比（shaabi）：一种起源于草根阶层的极具乡土气息的民俗传统舞蹈音乐形式，在埃及特别流行，其标志性特点就是无拘无束、轻松自在。传递出一种朴实乐观、热情奔放的生活态度。

爆米花

“爆米花”活动很多时候是一种有序的混乱。我们之所以称其为爆米花是因为在活动过程中，学生会从座位上“弹出”，然后在教室里朝着各个方向“飞”来“飞”去。教师可以通过组织“爆米花”活动让学生共享信息、相互学习并了解他人的想法或观点。对那些需要学生进行大量信息共享、提问和交谈的课程而言，组织本活动是个理想的选择。

活动步骤

※ 首先，让学生们两两“膝碰膝，脸对脸”（学生们可以坐在地板上、站着或用两把椅子来完成这个动作）。

※ 然后，让学生自己决定在活动中要扮演的角色。

在整个活动中，学生要两人结为一组。每组必须有一人固定坐在同一座位或地点充当“核”，代表爆米花碗底不会弹出的种子，而另一个人则充当“爆米花”，可以移动，会被“弹出”，并且能在教室里“飞”来“飞”去。

※ 等学生确定好角色和名称之后，教师给学生提示或向学生提问（类似于“你对尼古拉斯二世了解多少？”或“用于测量的工具有哪些？”这样的问题），并让扮演“核”的学生先回答问题。“核”要一直交谈，直到教师说“换角色”。在“核”回答问题和交谈的过程中，“爆米花”不允许讲话。

※ 在与“核”交谈了大约一分钟后，教师说“换角色”。至此，所有扮演“爆米花”的学生开始交谈，他们要回答相同的问题。在他们作答期间，“核”只能听着，不能再讲话。

※ 大约一分钟后，教师说“爆米花”，此时，学生应该马上停止讲话，“核”应保持坐姿，而“爆米花”应站起来，找到一个新“核”，在其对面找一把空椅子坐下（如果活动中没有椅子，也可以在一块空地上坐下）。

※ 重复此过程。

※ 再次向学生强调在听的过程中不要讲话，在伙伴讲话时，要保持安静。这一规则提醒学生要学会等待，轮

到自己讲话的时候再讲话。这也有助于学生练习听讲的一个重要方面——注意聆听，不乱讲话。

活动实施建议

活动开始时，让学生散开，各组之间尽量保持最大距离，以便于教师看到哪些“核”有伙伴了，哪些还需要寻找伙伴。

教学案例

※ 一位讲授美国历史的老师利用本活动为学生创造互相学习的机会。通过本活动，学生明白了即使班级规模很小，也会存在观点的分歧。当时学生们正在学习有关选举权的内容。这位老师就问了他们以下问题：

◎ 在民主体制中，投票重要吗？为什么？

◎ 你觉得为什么有些男性不希望女性参与投票？

◎ 你觉得为什么有些女性不想拥有投票权？

◎ 支持女性选举权的妇女政权论者会面临哪些风险？

◎ 选举权运动中有哪些男英雄和女英雄？

班里有一名学生患有语言学习障碍，无法当场回答与学习内容相关的问题，因此，他被指定扮演“爆米花”。这样，在回答问题之前，他可以先听听自己的伙伴是如何作答的。

※ 一位六年级老师利用“爆米花”活动与学生一起复习了团队合作的要素。她要求学生两两一组回答以下问题：

◎ 成为团队的一员意味着什么？

◎ 在你看来，合作意味着什么？

◎ 在你看来，协商意味着什么？

◎ 你如何鼓励自己的队友（具体做法）？

◎ 你为团队贡献了什么才能？

在学生两两一组对上述问题发表完看法之后，教师将学生召集在一起进行了全班讨论。她要求学生分享他们从同学那里听到的看法，然后与学生一起制定了一套团队合作准则，以备整个学年使用。

患有自闭症的学生 J.P. 在活动期间变得焦虑不安，他要求扮演“核”并要求在走廊里与伙伴讨论。另一位听力低下的学生也提出了同样的要求。因此，在活动中寻找新伙伴时，这些学生不仅得查看教室里的情况，同时还必须留意教室外面的空间。

最大限度地提高学生参与度的方法

※ 让思考时间更长的学生充当“爆米花”，这样他们在表达观点和看法之前可以先听听伙伴的观点和看法。

※ 及时提示学生并为学生留出一分钟思考时间，让学生有时间组织语言。

※ 有些学生可能不适应这样的活动，要允许此类学生在活动中少换伙伴或者不换伙伴。

要让最活跃好动的学生充当“爆米花”，这样他们可以在教师的准许下名正言顺地动起来。

※ 设置新角色。如有必要，可以在整个活动或某一轮活动中设置“窃听者”这一角色——在参与活动之前，“窃听者”可以在教室里来回走动，听一听其他学生的对话。也可以指定几名学生充当“窃听者”，收集与学生学习有关的数据，或观察和鼓励学生之间的合作行为。教师还可以设置另一个角色——“解说员”，让其负责解说学生之间的对话或评论学生之间对话的质量（例如“你们在聆听时都做得非常不错”）。我们注意到，曾经有一位老师称扮演这种角色的学生为“黄油”或“盐巴”，因为他们总是积极主动地给“爆米花”中的对话“添滋加味”！

本活动的另一版本

除了问答，学生还可以分享他们正在创作的一篇文章、总结报告或项目研究发现、数学题的解题方法或在某一单元学到的概念。可以让学生在每一轮“爆米花”活动中都与新伙伴分享同一个作品或讲授同样的知识。通过知识的多次共享或讲授，学生可以反复练习，打磨讲话技巧，并在之后每次互换新伙伴时提高讲授的效率和效力。

例如，在中学地质课的某一单元结束时，学生选择用不同的方式展示他们对岩石循环的理解——有人写诗，有人创作说唱，有人制作儿童读物，还有人创建了内容丰富的 PowerPoint 演示文稿、卡通故事板和数字短片等。作为单元结束时的总结性活动，教师并没有让他们在全班范围内展示（因为那样会占用更多课堂时间），而是利用“爆米花”活动让他们分享了各自的作品。在“爆米花”活动中，每个学生都能全神贯注地聆听伙伴讲话，同时还有数次机会练习和提高演讲技巧。

抛个问题问问看

想不想以一种全新的方式鼓励学生合作、互助和交流思想？你可以试试“抛个问题问问看”这个活动。在这个活动中，学生可以提问和回答问题，互相学习和分享彼此专长的知识，还可以放心地叠纸飞机而不用担心被老师骂哦！这个活动不仅可以用来强化教学内容，还能让学习过程多一丝俏皮和轻松。

活动步骤

※ 给学生每人发一张纸（或如表 3.2 所示的工作表）并提醒他们将姓名写在纸头。

※ 告诉学生在纸的上半部分写问题，下半部分写答案，并让他们在上、下部分分别写上“问题”和“答案”

两个词。

表 3.2 “抛个问题问问看”：问答表

提问人姓名：____________________

回答人姓名：____________________

答案检查人姓名：____________________

问题

答案：

※ 然后，给他们留出几分钟时间，各写一个与最近所学内容有关的问题。

※ 告诉学生写完问题后将纸揉成球或折成飞机，这样教师就知道他们已经完成这一步骤了。

※ 等所有学生都写完问题后，告诉他们“抛个问题问问看”，这时学生可以把手中的纸球或纸飞机扔到教室的其他地方。注意不要砸到其他同学，也不要扔到垃圾桶里或周边。如果时间允许，让他们捡起地上的纸球或纸飞机再扔一次。

※ 等教室里安静下来以后，让每个学生都捡起一个纸球或纸飞机，展开来并思考如何回答上面的问题。

※ 给学生留几分钟时间写答案，然后要求他们再次将纸揉成球或折成飞机。

※ 让学生将纸球或纸飞机丢到空中，再从地板上取回另一个纸球或纸飞机。这次，他们的任务是检查前一个学生的答案并添加对提问人或许有用的其他信息。如果纸上的问题是基于事实的，则允许学生参考教科书、网站资料、笔记或其他材料，以确保所分享知识的准确性。

※ 最后，让学生将问题抛回给提问人。

※ 可以叫起个别学生，分享他的问题和答案。

活动实施建议

如果不希望看到纸球或纸飞机在空中乱飞，课堂气氛喧嚣或纪律混乱，可以让学生将所有的问题都抛到一张桌子上，然后从桌子上的一大堆纸球或纸飞机中抽取问题，以此控制课堂纪律（避免气氛太过活跃）。还可以让学生与他们的伙伴先通过目光交流确定交换意向，然后再相互轻抛纸球或纸飞机交换问题，从而避免混乱。

教学案例

※ 十一年级一个班的学生正在学习埃利·维塞尔的小说《夜》。上英语课时，老师要求他们就该小说提问。所提的问题包括：

◎ 维塞尔是如何摆脱逆境的？

◎ 本书的书名具有什么含义？

◎ 维塞尔经常写父子。为什么这是书中的一个重要主题？

学生将他们的问题扔给学习伙伴，老师给接到问题的学生留出10多分钟时间写答案。然后，学生再次将问题抛出，这次接到问题的学生或填写缺失的信息，或添加细节，或提出不同观点。

※ 在马萨诸塞州的一个四年级教室里，学生们正在学习自己所在的州。教师让他们就最喜欢该州的地方进行问答，同时要求所提的问题应该是开放性的，不要基于事实，而要基于个人偏好。例如，教师提出了一个问题："你最喜欢马萨诸塞州的哪个旅游景点？"并把问题抛给了一个主动回答的学生。该生说她喜欢去自由之路，那里有许多与美国革命相关的历史遗迹。然后，这个学生又把问题扔给另一个学生作答。在将各自的问题在教室里抛了5次之后，学生收集到很多数据，而他们可以将这些数据用在之后马上要写的马萨诸塞州地区报告中。

本活动的另一版本

除了问答这种形式，教师还可以让学生在活动中共用一张纸。例如，一位中学语言艺术老师让学生集体创作一首诗，要求每个学生只写一行，然后抛给另一学生添加一行，之后再抛给第三个学生再添加一行，以此类推。这种方法也可以用来创作故事、情况说明书、头脑风暴列表、文章、乐谱、图画和其他许多作品。

最大限度地提高学生参与度的方法

※ 对于想不出来问题的学生，教师可以提前在便笺上为他们写好问题，让他们阅读并从中选取一个参加活动。学生可以将便笺粘贴到纸上。如果学生会写字，教师可以向他们提供问题列表，并允许他们将问题抄下来。

※ 在学生抛问题时播放音乐。如果学生扔的是纸飞机，可以播放弗兰克·辛纳特拉的《伴我双飞》；如果扔

的是纸球，可播放《下雪吧》。

在将纸球或纸飞机抛出之后，学生需与学习伙伴相互回答各自的问题，这样能保证答案的准确性并启发学生缜密思考。

※ 为了让特定的学生也感觉到难度，教师可以亲自参与游戏，提出高难度的拓展性问题，之后将这些问题“抛给”特定的学生。

※ 利用此活动教学生如何提出复杂程度各异的问题。以下是一些示例：

◎ 有复习难度的问题：这个分数中的分母是多少？

◎ 有应用难度的问题：2/3 和 3/4 之间存在哪两个分数？

◎ 有分析难度的问题：在这些图中，哪幅图用分数表示集合的一部分，哪幅图中用分数表示整体的一部分？

布鲁姆（Bloom）的修订分类法是一个很实用的工具，可以根据使用者理解水平的高低提出相应的问题。学生可以在找到分类法下每个级别的问题资源。

猜猜是谁?

不要只是学习坐牛酋长[①]，而是要让学生成为坐牛酋长。为此，让他们成为查尔斯·林德伯格[②]、西尔维亚·普拉斯[③]、凯撒·查韦斯[④]、安妮·沙利文[⑤]、萨利·赖德[⑥]、乔

---

① 坐牛酋长（Sitting Bull）：1831 年 3 月出生于美洲大陆，是印第安人苏族亨克帕帕部落酋长。

② 查尔斯·林德伯格（Charles Lindbergh）：瑞典籍美国飞行员，曾经驾驶单引擎飞机从纽约飞至巴黎，跨过了大西洋，其间并无着陆，共用 33.5 小时，因此获得奥特洛奖（Orteig Prize）。

③ 西尔维亚·普拉斯（Sylvia Plath）：美国女诗人，美国自由派诗人的代表之一，因富于激情和创造力的重要诗篇而留名于世。

④ 凯撒·查韦斯（Cesar Chavez）：墨西哥裔美国劳工运动者，也是联合农场工人联盟的领袖。20 世纪时，他是农场季节工人（migrant farm workers，为了工作四处迁徙的人）的主要发声人。他坚韧的领导能力让全国人民注意到劳工的工作环境有多糟糕。最后，劳工的工作环境终于因此而获得改善。

⑤ 安妮·沙利文（Anne Sullivan）：海伦·凯勒的家庭教师，用全部心血培育了 20 世纪的不朽传奇海伦·凯勒。

⑥ 萨利·赖德（Sally Ride）：美国第一位外太空旅行的女性宇航员。

治亚·奥基夫[①]或托马斯·爱迪生[②]。“猜猜是谁？”活动能让学生变成某个重要人物或某种有趣的事物，能让他们遇见那些重要而有趣的人物。如果学习内容不包括这些大人物也不用担心，这个活动非常灵活，可以把学生“变成”诸如雨林、侵蚀和质数之类的事物。

虽然前期需要准备，但只要准备好素材，让学生了解了游戏规则，这个练习就可以重复进行。游戏最好玩的地方是哪里？是学生每次参与游戏时都有一个新身份。

活动步骤

※ 用邮寄标签或地址标签纸制作一组带有名称、概念、观点或定义的不干胶标牌。比如，几何老师可以制作一组标牌，每个标牌上是一个不同的几何形状（菱形、长方体等）。

※ 在每个学生的背上都贴一个标牌（如果想让学生看起来傻萌傻萌的，也可以将标牌贴在学生的额头上），除了本人之外，其他学生都可以看到这个标牌。

---

① 乔治亚·奥基夫（Georgia O'Keeffe）：美国画家，被誉为20世纪最伟大的艺术大师之一。

② 托马斯·爱迪生（Thomas Edison）：美国著名发明家、企业家，通用电气公司的创立人。

※ 背后贴有标牌的学生（本人不知道标牌上写着什么）必须提出封闭式问题（答案只有“是”或“否”）以确定自己的身份。以上述的几何示例为例，学生可以问诸如“我是三角形吗？”或“我有直线吗？”之类的问题。

※ 虽然通常仅用于娱乐，但这个游戏也有助于学生以各种方式思考课程内容。要想在游戏中确定自己的身份，学生必须运用批判性思维，同时关注细节。举例来说，要想确定自己的标牌上是什么形状，他们需要确定是哪些元素造成了形状的不同（比如制图工具、线条或线条缺失、所涉及的角的类型［如有］）。进行这种分类可以让学生稍微“突破思维定式”，加深他们对概念的理解。

教学案例

※ 一位高中化学老师在讲授元素周期表时组织了该游戏。每个学生的背上都被贴上一个化学元素标牌。学生必须提出以下类似问题：

◎ 我是固体吗？

◎ 我是液体吗？

◎ 我重吗？

◎ 我是惰性的吗？

◎ 我符号中的字母是我名字的一部分吗?

班上一位熟知化学元素周期表、需要更强学习难度的学生被赋予“猜猜大师”的角色，负责帮助那些不知道该怎么提问的学生提出好问题，以缩小猜测的范围。当一个学生被困住，无法猜出他背上所贴的元素是什么时，“猜猜大师”帮他提出了这样的问题：“我是用来进行核裂变的吗？”和“我的元素是以 P 开头的吗？”当其他学生回答“是”时，该生正确地猜出了其背上的元素是钚。

※ 一位十年级英语老师利用“猜猜是谁？”活动帮助学生学习和记忆小说《了不起的盖茨比》中的角色。为了让每个学生都有不同的标牌，同时也为了增加游戏难度，她在游戏中加入了各种角色，包括故事中的人物（例如盖茨比、黛西）、故事中的意象（例如花、骨灰）和故事中的构思（例如暴发户）。鉴于班上有位女生智力存在缺陷，这位老师对游戏做了调整。学生们做了两次游戏（第一次做到了小说的中间，第二次做到了小说结束），而这位女生每次都被赋予一个人物角色（非意象，亦非构思）。她与同伴一起在各种情境下复习了人物特征和描述，并与一位专业人员助手在教室里提前排练了一些问题。因此，每次她都可以通过提出诸如“我是男是女？”“我死了吗？”

和“我有钱吗？”之类的简单问题猜出人物。

最大限度地提高学生参与度的方法

※ 如果学生刚开始学习阅读，可以为他们标牌上的文字配上图像。

※ 有些学生在参与活动时需要一组问题先“热身”，所以在开始练习时，可以给这些学生提供选项（例如，“我是一个人、一个地方还是一种物品？”）。

※ 让学生亲手制作在活动中使用的标牌。可以将这项任务布置给那些需要知识拓展的学生，也可以要求所有学生两两合作，每组制作两个标牌，收集起来供全班使用。

※ 让那些在活动伊始就猜出自己身份的学生做“海绵”运动：猜出答案后立即坐下，并写出从问答中学到的至少三件事。

※ 在游戏中设置更多角色；指定一些学生在教室里来回走动，给提问者和回答者以提示，要求其他学生仅仅观察和记录信息。

尴尬之椅

用这种独特的合作教学技巧点燃学生的学习热情吧！“尴尬之椅”这个活动能迅速吸引全班学生参与到技能和知识的练习中，还可以有效地收集班上每名成员的信息，促进学生面对面互动。另外，因为要求学生与不同的伙伴合作，“尴尬之椅”也是开课第一天绝佳的“让我认识你”活动。

活动步骤

※ 将学生分成两排（彼此相对），让其中一排充当“审问者”（或者如果想要听起来友善一些，可以用“提问者”一词），另一排充当“被调查者”并坐在“尴尬之椅”上（这排学生将受到“审问者”的讯问）。

※ 给每位审问者提供一个问题或者给他们留出一些时间自己想出一个问题。审问者所提的问题不能相同。

※ 游戏开始，让审问者开始向对面的被调查者提问。听到问题后，被调查者应尽可能完整作答。

※ 在学生问答几分钟之后，教师宣布“下一个问题”。

此时，被调查者一排站起来并依次向旁边移动一个位置。排末的被调查者站起来移动到排首。等所有被调查者再次坐下之后，审问者重复问题。

※ 在被调查者回答了所有问题之后，让学生互换角色——也就是说，两排学生互换位置，审问者要变成被调查者。第二轮游戏时可以用同样的问题，也可以用新问题。

活动实施建议

对于需要多次努力才能学会或记住知识的学生，这个游戏特别有帮助。如果班上有这样的学生，在游戏里可以先让这些学生做审问者。这样的话，因为同一问题被反复提出，他们可以多次听到其他学生对问题的回答。

教学案例

※ 一位高中生物老师利用本技巧带领学生复习考试中遗漏的内容。学生首先检查一下各自的试卷，然后针对自己在考试中答错的题目制作问答卡。这些卡片随后被分

给审问者们。因此，在轮换位置时，每个学生都听到并回答自己所提的问题。

几位小学老师利用该技巧教学生收集数据和绘制图形。在游戏中，每位审问者都要提一个问题，而这个问题可以有多个答案（例如“你最喜欢什么颜色？”），每位审问者手中都有一张图表用以绘制被调查者的答案。游戏结束时，审问者们已经收集了至少 20 个不同问题的数据并绘制了图形。之后学生们通过分析数据确定了高频答案和低频答案。

本活动的另一版本

除了让被调查者轮换位置，还可以让审问者们依次轮换问题，这样每组学生每次都会遇到新问题。

最大限度地提高学生参与度的方法

※ 教师或学生可以设计问题供审问者使用，或者由教师对活动进行设计，让学生回答一部分由教师提出的问题，一部分由他们自己提出的问题。学生先对教师提

出的问题完成几轮回答，然后自己设计问题，向被调查者提问。

※ 如果学生需要更多练习，可以让他们在游戏中一直充当审问者，中途不必变换角色。

※ 用信号提示学生该换位置了，这样能加快节奏，给游戏添加新意。教师可以不说“下一个问题”，而是播放游戏节目中的歌曲片段、开灯或关灯或响铃作为提示信号。

※ 如果学生不愿意参与大组活动，教师可以将审问者和被调查者排成小排。举例来说，如果班上有24名学生，那他们不必非得排成两排，每排12人，而是可以排成四排，每排6人，分为两组，同时进行“尴尬之椅”游戏。

说一说

提出这个阅读分享策略的人是肖特、哈斯特和伯克（Short, Harste & Burke, 1996）。该策略可促进学生对文本含义的理解和建构。在“说一说”活动中，学生们共同阅读一段文本，然后在不同的地方停下来，就所读内容交换想法，进而寻找新旧知识之间的联系。

这种主动阅读的活动设计对理解能力较差的学生，以及不会或不爱阅读课外材料的学生特别有用。它确保所有学生都“步伐一致”，也就是说，都有机会给予和获取帮助。

活动步骤

※ 选取一节文本，长度在几句话和几页之间。

※ 让学生两人一组，给各组分发阅读材料。

※ 告诉学生他们将以小组为单位阅读文本，引导他们快速浏览文本，并找到想要停下来“说一说”的几个地方。在这几个地方，他们可以提出问题、表达观点，根据相关信息联系个人经历，记录一些特别有趣的内容或者解释所读内容。

※ 学生开始阅读。提醒他们记得在所选的地方停下来分享观点与看法，重复这一过程，直到学生对选出的地方都完成“说一说”。

※ 在此期间，教师可以在教室里到处走动，保证学生一直在讨论。此外，教师还需要控制“说一说”的时间分配。学生要简短评论，无需辩论或长篇大论。

※ 在各组都完成讨论之后，组织学生就文本展开全班讨论。

活动实施建议

在向学生介绍如何参与活动时，教师有必要演示一下参与活动的过程并制作一个列表或清单，在上面列出“说一说”的各种方式。

教学案例

※ 在学习比较神创论和进化论的单元时，一位高中科学老师利用该活动组织学生阅读了两篇简短的文章，其中一篇是宗教文本的摘录，另一篇是著名古人类学家理查德·利基的论文。在学习的第一天，学生就对该主题产生了浓厚的兴趣和辩论的欲望。这位教师鼓励学生在阅读分享时进行简短评论，而将较长的评论和问题留在全班授课时解决。

※ 在让五年级的一个班欣赏儿童交响乐《彼得与狼》之前，教师先让学生们听了一段交响乐，要求他们在听的过程中注意音乐对人物的塑造以及音乐的力度（响度和柔和度）和节奏。然后，教师引导学生找到同伴，对同伴“说一说”本节课所涉及的各种音乐要素。为了演示如何参与该活动，教师选择与一位才华横溢的学生合作。该生是一位法定盲人，对音乐很有造诣，对作曲家在音乐创作中的选择有很深刻的理解（例如，他注意到音乐中所有的角色都是由某种乐器表现的）。这让其他同学非常惊讶，因为他们不知道这个同学竟有如此高的音乐造诣。与此同时，他们对交响乐本身以及“说一说”这种合作策略有了更多了解。

※ 一位中学美术老师利用此活动介绍了雷梅迪奥斯瓦罗、马克·夏加尔和萨尔瓦多·达利的超现实主义绘画风格。每组学生（两两一组）都收到了这三位艺术家的一系列画作。教师用一个三分钟的鸡蛋计时器为每幅画作设置了“观察窗口期”。每隔三分钟，教师就会提示学生停下来跟同伴“说一说”。之后，教师要求学生说出他们在看到画作时的情感反应，评论一下常见的或他们不太熟悉的绘画风格，还让他们猜测艺术家想要表达的隐晦信息是什么。

本活动的另一版本

在游戏中设置一个“说一说”立方体，引导学生做出特定类型的回答，从而增加游戏的新鲜感和神秘感。游戏开始时，做一个立方体，在每个侧面上都写一个不同的问题或提示。教师可以使用以下提示语：

- 我预测……
- 我认为……
- 因为有过_______，所以我想是不是也会____________。
- 我打赌马上就会……

- 读了这段，我觉得马上就要 ______________

______________________________。

- 我觉得……

最大限度地提高学生参与度的方法

如前面的示例所述，在“说一说”活动中也可以使用非文本材料。学生两两结组后，各组可由一名学生阅读与主题相关的文本，另一名使用视觉媒体（例如照片、图片等）。到了约定的时间（例如在研究材料 3 分钟后），学生可以停下来“说一说”。注意：为了强调信息的获取渠道很多，教师可以让班上阅读能力最强的学生偶尔也使用非文本材料和其他类型的阅读材料（例如漫画书、图画书等）。

※ 可以将阅读水平不同的学生按照阅读主题两两分组。在阅读停顿时，各组中的两个学生可以交流一下他们从文本中学到的东西。

※ 让组里的一个学生大声朗读文本，目的不是练习流畅地阅读，而是帮助学生理解文本。如果学生愿意的话，

允许他们向自己的伙伴朗读文本。

※ 如果两个学生的阅读速度不同，那么首先完成阅读的学生可以写下并详细说明他/她想在其同伴完成阅读时“说一说”的内容。

※ 如果有学生需要借助辅助言语交流的工具才能与人交流，例如交流板、图片或符号，那么要允许该生在活动中借助此类工具发表评论或提问（例如“这好有趣”或“我听不懂”或“你能用自己的话说吗”）。为了教会学生使用辅助言语交流的工具并给予学生更多支持，教师可以鼓励该生的同伴也利用辅助言语交流的工具对所阅读的材料进行评论。

破解密码

我们上学的时候，如果在卷子上勾勾画画，会被老师认为做题走神，注意力不集中；要是胆敢在书本上涂涂写写，是免不了要挨老师一顿训斥的。现在，时代变了，教师们虽然还没有大肆鼓励或者在教学中鼓励学生在书本或者电子文本上加亮、画下划线或做笔记，但他们已经充分意识到学生需要这样做。“破解密码”活动允许学生用各种图形代码在书本和电子文本中做标记，以表示他们对内容是理解了、有疑惑还是顿悟了。这个活动可以用来检查学生是否理解了指定的阅读材料、阅读要求、课文中的概念或家庭作业中的问题等。

活动步骤

※ 为学生提供一个章节、一段文本或一个数学题集。

※ 要求学生在页边空白处画出或插入图形代码，表示他们对材料的理解情况。例如，图形代码可以是以下标记：

◎ 一个对钩（表示理解——“我理解这里”）

◎ 一个问号（表示不理解——“我不太理解这个概念”“我不明白作者想要表达什么”“词汇很难”或者“我不懂这个等式”）

◎ 一个感叹号（表示感兴趣或对材料理解透彻——“我真的明白了！”“我想说说这一点！”“这里的内容我可以教给别人！”）

※ 允许学生在作业本、课本或阅读材料的复印件上使用图形标记。如果学生有电子设备，还可以用应用程序和平板电脑记笔记。

※ 给学生留出时间检查自己的和身边同学的图形标记。如果学生标记对材料理解得很透彻，可以让他们向其他人说一说自己的理解。教师和学生都应该注意那种被多个学生标记为不懂或感到困惑的材料，这些困扰学生的地方将成为下一步教学的重点。

活动实施建议

如果学生阅读的是课本上的内容，可以用便利贴制作图形标记。用便利贴做成的图标可以保留下来多次使用。

教学案例

一位教师在实验当天首先向学生概述了当天的实验步骤，然后在学生进入科学实验室之前，又要求他们阅读当天的实验要求并检查需要完成的各项实验任务，并且要求他们只能使用两个标记：对钩（表示“我知道该做什么”）和问号（表示“我不太明白”）来表示对内容的理解情况。接着，教师在教室里来回走动，静静地看学生们做标记。从这些标记中，他得知一些学生对某个实验步骤所涉及的词汇还不太明白。因此，他又花了一些时间详细解释了一下该实验步骤，还为那些标记有困惑之处的学生解答了疑惑。

这么做的好处是，在听完教师口述实验要求之后，学生在阅读实验要求时更专心了，注意力也更集中了。后来在实验室里，教师发现学生们不理解的地方少了，随机问题也少了。

※ 一位微积分老师在给学生留作业之前运用了该技巧。她要求学生提前阅读作业并标记是否理解这些作业题，结果发现一些学生认为其中一道题非常简单。在下课之前，她让这些学生演示了如何求解这道题，让其他学生边听边做笔记，这样也减轻了学生们的家庭作业量。

本活动的另一版本

除了让学生用不同的标记来表示自己是否理解材料之外，还可以让学生把标记作为一种做笔记的策略。首先，让学生将一张纸分成四个面积相等的方形，在各部分里绘制一个图标：

※ 灯泡（代表新想法）

※ 钥匙（代表“重要的”想法）

※ 问号（代表尚未理解的地方）

※ 人脸或人物线条画（代表想与其他同学讨论的概念）

在讲课过程中或在组织全班讨论时，教师可以鼓励学生在相应的方框内记下新知识。这样可以让一些学生很容易就能发现自己理解困难、感到困惑或感兴趣的地方。

教师还可以要求学生在记笔记时用其他图标进一步加深记忆。

最大限度地提高学生参与度的方法

※ 可将此教学手段用于授课过程。教师为全班学生提供小白板，授课过程中可以停顿几次，要求学生展示他们的“理解图标”。此时，学生可举起白板，在白板上用一个图标表示他们对内容的理解程度。

可以用“破解密码”活动培养同伴支持。教师可以让所有学生都阅读一段文字并对文字进行标记，然后根据这些标记，让学生两两一组进行问答练习。

※ 向学生介绍其他图式笔记方法。例如，教师可以向学生展示思维导图、涂鸦笔记和图形辅助等示例，教给学生记笔记的技巧和词表“词汇”，同时为学生提供他

们可能会用到的材料（例如子弹日记 [子弹日记（bullet journal）：一种简洁高效的手账记录方法，由于其快速、方便、好看等特性，子弹日记目前已经风靡了全球的手账界]、彩色铅笔、3D 记号笔等）。

※ 提供纸笔之外的书写工具。也可以让学生用平板电脑记笔记，用不同的颜色、高亮显示和图标创作自己的标记。向学生介绍用于做笔记和注释的应用程序。

匹配游戏

匹配游戏要求学生之间有序互动，相互教学。它完美地避免了操作练习的枯燥乏味，特别有助于讲授和复习事实、日期、词汇和定义等内容。

游戏过程中，学生不必一直坐在座位上。即使学习最吃力的学生也能成功地参与游戏，因为即使他/她找不到正确答案，正确答案也会来找他/她！

活动步骤

※ 制作两组卡片（A 组和 B 组）；一组（A）中的每张卡片必须与另一组（B）中的某张卡片匹配。例如，教师可以制作一组问题卡片（A）和一组答案卡片（B），一组单词卡片（A）和一组定义卡片（B），或者一组不

完整的句子卡片（A）和一组能与之构成完整句子的单词或短语卡片（B）。

※ 给学生每人发一张卡片。

※ 告诉学生可以在教室里来回走动、与其他学生交谈，并将自己的卡片与同学的卡片进行对比。一旦学生找到了匹配的卡片和持卡人，要和匹配的持卡人坐在一起，等待其他人完成匹配。

※ 在所有学生都找到匹配卡片之后，请每对学生与全班分享他们卡片上匹配的信息。两人可以简单地向其他学生朗读他们卡片上的内容或用卡片上的内容来考一考班上的其他学生（例如，“我卡片上写的是9×9。你们猜一猜莱西的卡片上写的是什么？”）。

活动实施建议

为了让学生在找到匹配项后仍然保持注意力集中，可将拓展信息、冷知识或“大脑杀手”问题写在卡片背面。这样，学生可以在等待其他学生完成匹配的过程中讨论这些内容。

教学案例

※ 一位老师利用匹配游戏展示了学生马恩的才能。马恩患有自闭症，对火车很感兴趣。在学习有关运输的知识时，这位老师制作了一组卡片，上面都是与火车相关的短语；而在另一组卡片上，她写下了相应的定义。例如，一张卡片上写有“直通”字样，而在另一张卡片上写有直通的定义，即“一般在中途不增加或减少（发送）车厢的火车”。

在活动中，学生必须为所持卡片上的术语和短语找到匹配项，而大多数学生之前对这些术语和短语一无所知。通过本活动，他们不但很开心地学到了新术语，同时也对同班同学在这一领域的专业知识印象深刻。就连教师也感叹，因为这个游戏，其他学生第一次向马恩学习和求助，他们改变了对马恩的看法。这个游戏同时也激发了班上其他学生的热情，他们纷纷设计匹配游戏卡片来“炫耀”自己专长的知识。

※ 在五年级学生完成研究报告并准备好自选主题的海报之后，教师鼓励他们运用积极学习的策略向全班展示自己的研究成果，在此过程中要吸引全班同学的注意力。

班上有个叫麦达的学生运用了匹配游戏这一教学技巧。麦达在报告中重点介绍了墨西哥的文化习俗和艺术家。在准备演讲时，她制作了两组匹配游戏卡片，其中一组卡片上写满了问题或定义，而另一组卡片上写满了答案或术语。这两组卡片上均罗列了各种概念和事实，而她希望通过自己的演讲让同学们理解这些概念和事实。

老师鼓励麦达制作一些能吸引其他同学的注意力，同时容易被人理解的卡片。考虑到班上有些学生刚开始学习阅读，麦达做了几张特殊的卡片，上面用图片和照片作线索，这些图片和照片同时也出现在她所制作的海报上。演示一开始，她分发了卡片，便于其他同学借助卡片上的信息理解自己所展示的内容。演示结束时，学生们必须找到匹配卡片。有几名学生将手中的卡片与麦达海报上的图像和文字进行比较，从而确定了自己的匹配卡片。图 3.2 是匹配游戏中所用的匹配卡片示例。

图 3.2 “匹配游戏”中学生演示所用卡片示例

最大限度地提高学生参与度的方法

※ 让一部分学生参与卡片制作。就像前面提到的例子一样，对于有专长知识领域（例如火车、牛仔竞技表演、南美洲或洞穴探险等）的学生而言，成为活动的发起人是一种有益的经历。

※ 鼓励学生在游戏中互相帮助。提醒他们可以提供线索帮助其他同学找到匹配卡片，还可以向他们展示如何为他人提供帮助，比如如何提供线索（但不提供答案）或如何要求对方解释清楚某个问题。

※ 将一部分学生的卡片涂上颜色或写上程式化信息，以便于他们缩小范围，确定可能与其匹配的人数。例如，在利用这个游戏带领学生练习西班牙语词汇时，老师可以用白色卡片书写单词，用粉色卡片书写定义，同时将所有动词用斜体表示。如果学生拿到的卡片上面印有斜体的“salta”字样，他们只需寻找那些上面印有斜体字的粉红色卡片即可。

纸袋访谈

现如今，课堂教学都以繁忙为衡量标准，学生比以往任何时候都少有机会进行集体活动或者分享和了解各自在校内外的生活。因此，教师可以在整个学年中定期组织“纸袋访谈”活动，为学生创造这种机会。学生会很喜欢“我想知道我抽的是什么”这种悬念，也很乐意在活动中建立学习社区。

活动步骤

※ 写下一系列问题，将其放入小号棕色午餐纸袋中。

※ 将学生分成小组，给每组发一个纸袋。

※ 让学生轮流从纸袋中抽取问题并回答。如果无意回答所选问题，学生可以重新抽取一个问题作答。

※ 利用这个活动，为学生创造机会了解彼此的个人信息或讨论课堂上所学的不同主题。教师亦可通过问题设置鼓励学生分享个人故事并对课程进行反思。例如，要想回答教师提出的问题“你怎样才能最像疯马？①”，学生不可避免地要提及自身，透露一些个人信息。

教学案例

※ 一位中学地球学老师定期组织“纸袋访谈”活动，带领学生复习学过的内容，鼓励学生在课堂上积极合作。在讲授地震单元时，他在“采访袋”中放入以下问题：

◎ 什么是海啸？

◎ 如果有人在地震高发区送给你一座漂亮的房子，你会在那儿安家吗？ 为什么？

◎ 说出地震波的三种类型。

◎ 你认为地震带的城市规划和建筑施工在未来50年会如何变化？

◎ 有没有哪种方法可以让个人、城市或联邦政府最大限度地减少地震的损害？

---

① 疯马（Crazy Horse）：印第安的民族英雄，一位部落酋长。

◎ 你在本单元中学到的关于地震的最有趣的事情是什么？

◎ 解释一下震源和震中的区别。

为了因材施教，教师在纸袋中放入一些“粉色纸条”。学生们知道这些色彩鲜艳的纸条上写着更难答、更抽象的问题，教师会邀请学生从这些问题中选择一个作答；如果学生答不上来，其他学生也可以尝试。

最大限度地提高学生参与度的方法

※ 用不同颜色标记问题，方便学生根据自己的心情、技能水平或偏好进行选择。例如，用不同颜色标记那些更私密、更可笑或更严肃的问题，或者用不同颜色表示问题的难易程度。

※ 将与学生兴趣相关的问题放入袋中。如果某组的某个学生最近刚刚成为叔叔，教师可以就此提问；如果有学生对甲壳虫乐队特别感兴趣，教师也可以提一个与20世纪60年代摇滚音乐相关的问题。

※ 如果有学生在交流方面异于常人，教师可以让所有学生轮流使用不同类型的辅助沟通方式（例如手语、手势和图片）回答问题，以增加活动的趣味性。

※ 如果有学生在接受言语治疗，那么“纸袋访谈”活动是一个合作教学或合作咨询的绝佳选择。在活动期间，言语治疗师可以进入教室帮助所有学生提高诸如恰当提问、扣题讨论等技能。

※ 如果教师有意让学生回答某个特定类型的问题，可以将学生的姓名打印在问题旁边。学生抽到此类问题时，要将问题读给指定的学生听。

人体连续区

“人体连续区”活动使得教师能够快速了解学生的观点，与学生探讨道德、看法、观点、理解和兴趣等问题，同时也有助于学生了解其他同学在某些问题上的立场。教师通过这个活动可以了解学生的知识储备，还可以纠正学生持有的错误价值观。

活动步骤

※ 活动开始时，向学生展示一个李克特五分量表。

※ 为学生留出一些思考时间，然后让他们选择一个数字，该数字应最能描述他们在某个问题上的立场（例如，“我知道如何进行二项式相乘”“我认为动物克隆合乎道德”）。

※ 一定要明确标出量表上各级分数所代表的价值观。例如，如果用 1 表示不同意，用 2 表示有些不同意，依此类推，那么要把这些标准明确地标在李克特五分量表上相应分数的旁边。

※ 接下来，告诉学生你要制作一个真人大小的量表。选一面墙，将一个墙角标记为“1”，另一个标记为“5”。然后，要求学生找到墙上与他们的回答相匹配的地方。

※ 随机挑选学生表达他们的观点。教师可以先让站在量表两端的学生表达观点并解释原因，然后再让站在量表中间区域的学生表达观点并解释原因。

教学案例

※ 在一堂初中社会研究学课上，老师组织了“人体连续区”活动，要求学生表达他们对下面这些句子的观点；对句子强烈同意的学生要站在数字 5 附近；强烈不同意的站在数字 1 附近；其他人则位于两者之间，具体位置取决于他们的观点：

◎ 约翰·亚当斯是美国英雄。

◎ 在波士顿茶党[1]期间，殖民者有正当理由破坏财产以引起政治关注。

◎ 妇女在美国独立战争中发挥了重要作用。

◎ 本尼迪克特·阿诺德是个叛徒。

◎ 美国独立战争是一场非打不可的战争。

在所有学生选择相应的位置站好后，老师让几个学生解释了为什么他们选择站在当前的位置。当他发现在连续区的两端站着几个立场鲜明对立的学生时，又要求这几个学生在全班同学面前进行了一场简短而友好的辩论。

※ 在五年级的一个班里，老师组织了“人体连续区”活动，引入“营养”这一单元。她告诉学生她要用这个练习来评估他们的知识储备、行为和观念，同时还要比较他们与同龄人的生活方式和习惯。她要求学生对以下句子进行量表选择：

◎ 我饮食均衡。

◎ 我觉得学习与营养相关的知识很重要。

◎ 我会做健康的零食。

---

① 波士顿茶党（The Boston Tea Party）：又称波士顿倾茶事件，指的是 1773 年发生的北美殖民地波士顿人民反对英国东印度公司垄断茶叶贸易的事件，是美国独立战争的导火线。

◎ 我知道适合我这样身形和体重的人的食物份量。

◎ 我认为锻炼很重要。

◎ 我喜欢吃水果和蔬菜。

◎ 我吃好多垃圾食品。

◎ 我觉得广告影响了我对食物的选择。

本活动的另一版本

本活动非常适合学生两两讨论时使用。为了让学生两人一组就一些话题交换观点，教师可以让他们根据各自的立场进行排队，然后将队伍从中间断开“折叠”。这样，持对立观点的学生将会两两一组，依此类推（例如 1 和 20 一组，2 和 19 一组，3 和 18 一组），这有助于练习学生主动听讲和选取视角等技能。

最大限度地提高学生参与度的方法

※ 有些学生可能很难马上形成观点，教师可以让这些学生提前作答，也可以给所有学生留出时间快速作答，

让所有学生都能练习书面表达，特别是如何形成观点，如何为自己辩护。

※ 将大号字体的数字 1 到 5 打印在活页纸上，然后将其黏贴在墙上，以便学生准确看到每个数字的标记位置。

※ 为进一步帮助学生阐明立场，教师可以要求他们在作答时精确到小数，而学生亦可声明自己在某一问题上的观点是 1.5 而不是 1.6（对于数学老师而言，这有助于学生练习数学）。如果想在游戏中加入更多的数学运算元素，教师可以指定一两个学生做“数字算盘”，负责观察学生的队列，并计算全班在某个观点上的平均分数。

第四章

让课堂活跃起来

活色生香

当学生得知教师又要长篇累牍，喋喋不休地讲课时，常常会牢骚满腹。但如果能让他们互相合作、参与教学，学习会变得生动有趣，他们对待上课的态度也会截然不同。

要组织本活动，教师需要投入时间提前做教学规划。虽然前期工作比较辛苦，但如果能让学生课上不再精神萎靡、哈欠连天或连连耸肩质疑，而是积极地举例说明、解释告知或分享知识，教师会觉得再累也值得！

活动步骤

※ 给学生每人发一张卡片，卡上的内容可以是一个事实、一段语录、一个观点、一种想法或一张插图。

※ 要求各组成员思考卡片上的内容，用几分钟时间

简单地研究一下这些内容。

※ 然后，教师开始讲课。到相应的地方，教师要停下来，邀请学生上前介绍他们所持卡片上的内容。有些学生可能会自告奋勇地背诵卡上的信息，其他学生可能会简述卡上的内容，或者只是重复某个重要的短语。

※ 在讲课或讨论过程中，要努力让所有学生都参与进来、积极发言。

活动实施建议

给学生发完卡片之后，可以给他们留出一点时间研究一下卡片上的事实、语录、观点或想法。这样，在起立作答时，学生不仅能即兴表达几句，所表达的内容也会更加丰富。

教学案例

在讲授美国最高法院的相关内容时，一位高中老师组织了“活色生香”活动，成功地吸引了所有学生的注意力。他让分到大法官照片和简历的 9 名学生站起来，逐一介绍美国最高法院的现任法官。在讲课过程中，他还随机叫起其他学生回答问题、分享知识。1 名学生介绍了首席大法官的职责。其他 3 名学生卡片上的内容很简单，只有“行政部门”四个字，所以教师每次提到这个词时都会要求他们站起来说一遍“行政部门”。还有几个学生要分享的信息是具有里程碑意义的审判案例，因此，教师每次概述其中一个案例时，相关学生就会站起来介绍细节。在 45 分钟的授课过程中，所有学生都参与了活动并积极配合教师。

最大限度地提高学生参与度的方法

※ 如果学生对某个主题比较了解或兴趣较浓厚，教师可在活动中对他们提出更高的要求，不要只是让他们单纯地诵读卡上的内容，而是要求他们解释概念、展示图表、举例或发起某项活动。

※ 没有必要让每个学生都进行口头表达，允许学生采用其他表达方式，比如高举照片或图表，或表演展示。

※ 对于患有焦虑症的学生或不敢站在教室前面进行分享展示的学生，要允许他们拍摄视频片段与同学分享，之后还可以将这些视频片段整合到授课中。

※ 询问学生想如何参与课堂授课。找出哪些学生喜欢在教师讲课时“心不在焉地乱写乱画”，哪些学生想参加即兴表演，还有哪些学生想要通过吟诵帮助其他同学记忆概念、短语或重要的词汇等。

快起快坐

如果教师不想再用“知道的同学请举手”这种方式提问，那么可以试试本活动。“快起快坐”活动生动有趣，可以让教师在短时间内听到众多学生的答案。这个活动有两个用途：第一，用来反思；第二，用来为学生创造机会，让他们带着目的认真听讲。此外，该游戏还让学生明白分享与聆听同样重要，其“起起坐坐”的性质也有助于“重组”传统的课堂讨论，满足那些需要新奇感、动感或互动性的学生的需求。

活动步骤

※ 向学生提问，并邀请他们简短作答。

※ 告诉学生，他们中有一个人要快速起立，首先作答，

作答速度要快，结束发言后马上坐下。

※ 鼓励其他学生发表评论。学生想要发表评论的话，应首先确定讨论中最适合插入评论的地方，并适时起立发表评论。前一个学生发言完毕坐下，后一个学生即可快速起立发表评论。

※ 如果两名学生同时站起来，鼓励他们自行决定谁先发言。

※ 提醒所有学生发言要简短（例如，要控制在 1 分钟以内）。

※ 在几个学生站起来表达完自己的看法之后，让一直坐着的学生对刚刚听到的内容发表评论，不要评论问题本身，要评论刚刚几位学生所表达、分享和讨论的内容。这种评论可以是总结性的，也可以是对某位同学所分享内容的释义或评价。

※ 然后，再次让学生主导活动，并自行决定何时站起来表达观点或发表评论。

※ 在两组学生完成分享后，教师可以对讨论情况做一次总结或进一步提出新问题。

活动实施建议

教师一定要克制住点名提问的冲动，要让学生自主控制讨论的节奏和方向。

教学案例

※ 在关于欺凌和同伴压力的课程中，一位四年级老师组织“快起快坐”活动鼓励学生关注同龄人的观点、价值观和信念。班里一半以上的学生都站起来述说了他们曾经遭受欺凌的经历以及在感到同伴压力时的一些做法；有6名学生虽然没有起立发言，但对其他同学的发言进行了评论；一些学生对所听到的内容进行了释义；另外还有一些学生则安慰了那些讲述了伤心遭遇的学生。

※ 在一所中学的英语课上，学生正在学习《让爱传出去》一书。他们要回答的问题是：“年轻人可能以有意义或有力的方式让爱传出去吗？”虽然只有6名学生起立作答，但有14名学生评论了这6名学生的回答（例如，“我喜欢贝拉所说的关于服务与善行之间的区别”）。班上有

名学生有学习障碍，他的个别化教育计划目标是“恰当而合乎逻辑地口头回答与内容相关的问题”。教师为他制作了索引卡，上面是上课时会用到的口头提示。游戏开始之前，这名学生根据卡片上的提示写了答案，在游戏过程中参考这些答案完成了口头观点表达。

> 你相信年轻人能以有意义的方式“让爱传出去”吗？
>
> ______________________________
> ______________________________
> ______________________________
> ______________________________
> ______________________________
> ______________________________
> ______________________________
> ______________________________
>
> 如果相信，请说出年轻人“让爱传出去”的一种方式。
>
> ______________________________
> ______________________________
> ______________________________
> ______________________________
> ______________________________
> ______________________________
> ______________________________
> ______________________________

最大限度地提高学生参与度的方法

※ 先让学生练习简短作答，然后让他们在“快起快坐”游戏中练习回答复杂的问题。教师可以先让学生推荐科学电影或纪录片，然后让他们回答一个与《望远镜400年的故事》相关的问题。《望远镜400年的故事》是由克里斯·科尼希拍摄的一部内容丰富详实的纪录片。

※ 如果学生无法当场作答，教师可以给他们发提示卡，上面是要提问的问题或者是有助于学生撰写答案的问题和重点段落。

※ 提醒学生，在这项活动中，回答问题和发表评论都非常重要。要让他们深刻地理解：回答问题并不比释义或发表评论更有价值。如果有些学生不愿意回答问题，而是更愿意发表评论，或者不愿意发表评论，而是更愿意回答问题，那么可以鼓励和帮助他们大胆尝试前者。

可以教学生一些单词和短语，帮助他们学习恰当的话语技巧。下面是一些可以用于释义或解释澄清的短语：

◎ 我不太理解______在说什么。你能解释一下______吗？

◎ __________发言时，我觉得他的意思是

________。____________，你是这个意思吗?

◎ 我完全同意__________所说的关于__________的观点，因为______________________。

◎ 我觉得_______在______________________上的观点很不错。

◎ 我们很多人好像都认为______________________________________。

一起来吧

教师想从学生身上收集信息时，通常会采用提问的形式，而且一次只能问到一位学生的答案。尽管这种策略有时候非常实用，但它有局限性：一部分学生确实能够积极参与（通常是固定的几个学生），但还有一部分学生上课时无法做到集中注意力，常常神游到课堂之外。为了避免这种经常发生的现象，教师可以试试“一起来吧”这个活动，在活动中一次性得到所有学生的回答。

活动步骤

※ 向学生提问或让他们以某种形式回应。

※ 让学生知道你希望他们用新方式作答。告诉他们，不要举手作答，要用新方式表示他们已经有答案了。

※ 可以用多种形式组织该活动。在不同情况下，教师可以要求学生用不同的方法和材料作答。学生可以：

◎ 使用迷你黑板或迷你白板。

◎ 举起手指、手臂甚至脚（例如，“如果同意，请举起三根手指；如果不同意，请举起两根手指；如果不确定，请举起一根手指”；“如果你强烈认同我刚才所说的话，请举起双手；否则，请举起一只手”）。

◎ 用动作或某种行为表达（例如，“如果可以回答我的问题，请走到教室的前面；如果不知道如何回答，请走到教室的后面”）。

◎ 手持提前做好的卡片（例如，学生手持写有各种分数的卡片，在教师展示不同图表时，举起相应的卡片）。

◎ 使用全班作答软件，例如某些应用程序允许教师创建在线作业或在线提问，学生可以选用各种设备实时作答。学生提交作业的方式可以是打字、用图画展示作品或提交图像。

学生提交的作业可以对全班开放，也可以只对教师个人开放。

教学案例

※ 一位幼儿园老师利用“一起来吧”这个活动向学生介绍加减法。他给学生每人发了两张硬卡片，一张代表加号（+），另一张代表减号（－），同时用两个青蛙木偶和一些苹果设计了一些场景。在这些场景中，青蛙要么掉了苹果，要么发现了苹果。表演完一个场景之后，他会要求学生马上举起相应的卡片，回答该场景中出现的是加法还是减法。

※ 一位高中物理老师在演示动量的过程中，为学生们配备了迷你白板，并提出了一系列问题。他搭建了一个坡道，然后几次将大小不同的汤罐向下滚动，每次都或多或少地改变坡道的陡峭程度。在整个演示过程中，他要求学生在白板上预测汤罐的滚动速度（例如，汤罐的滚动速度会加快）。

※ 一位卫生老师首先使用应用程序对学生进行了一次小测试，然后引入了关于心理健康的迷你课程。课程刚开始时，她要求学生用单字和短句回答问题（例如，“抑郁的一种征兆或症状是什么？”），偶尔还要求学生画出答案（例如，“画出能够减轻你的压力的一种事物”）。

最大限度地提高学生参与度的方法

※ 在活动中，要有意识地为学生留出“思考时间”并监控他们的“思考时间”，这样能极大地提高活动效果。全班大多数学生的问答形式有一个共同的缺点——那就是，教师要求学生在10秒以内作答。因此，只有那些能够快速组织口头语言的学生才能作答。在活动中，如果教师所提的问题有多个答案，可以尝试用计时器为学生留出至少15秒—30秒来组织语言。如果每次都会为学生留出组织语言的时间，可指定一名学生担任计时员。

※ 让学生能够与同伴比较各自的想法，并以团队的形式回答问题。这样可以减少他们的焦虑，增加他们对合作答题的信心。

※ 为学生提供一个“提示页面”，上面列出帮助他们回忆学习材料的关键字、词组和事实。可以将此页面给全班学生使用，也可以只提供给那些需要额外帮助的学生。在教师对全班提问之前，允许学生先查看提示页面。

※ 可以选一些学生向全班提问或演示需要求解的问题。以上述物理示例为例，可以让两个学生用坡道和汤罐演示动量元素。

分享与比较

这个活动要求学生既独立思考又相互合作。分享与比较是一种快速帮助策略，有助于学生与同伴合作，检查并提高他们记笔记的能力，同时检验他们是否能够找出当天所学内容中最重要的观点和细节。

重要的是，要记住，这个练习的目的不是让学生互相交换笔记，而是让他们通过合作填补知识理解上的空白。

活动步骤

※ 教师应该在传统授课或全班讨论中搭配使用本活动。活动开始时，要先告诉学生可以用自己喜欢的风格、材料和格式记笔记。

※ 教师开始讲课或讨论。

※ 10 分钟至 15 分钟后，教师停止讲课或讨论，然后让学生两人一组（可让他们与坐在身旁的学生结成小组），引导他们“分享和比较”彼此的笔记，重点是总结信息并找出存在误解的地方。学生也可以提问或回答教师提出的问题。

※ 给学生留出几分钟时间互动，之后继续讲课或讨论。

※ 再过 10 分钟至 15 分钟后，要求学生与同一个伙伴或新伙伴“分享和比较”笔记。

※ 重复这一活动，直到教师完成授课或讨论完毕。

教学案例

※ 一位高中三角学老师向学生讲解如何应用三角学公式来计算三角形、扇形和弓形面积，在学生记笔记的过程中组织了“分享与比较”活动。因为所有学生都不熟悉这部分内容，一些学生甚至理解不了这部分内容，这位教师每 10 分钟就会停下来一次，让学生分享和比较他们的笔记。他要求学生在分享和讨论过程中要特别注意信息的准确性。在学生们共同努力改善笔记的过程中，他在各组间走动，随时回答学生提出的问题，解释相关概念。

最大限度地提高学生参与度的方法

并不是所有学生都得从空白纸张开始记笔记。例如，教师可以为英语为非母语的学生和有一定学习障碍、智力缺陷或肢体残疾的学生提供一系列指导性注释，帮助他们在课上集中注意力，同时保证他们所分享的信息是准确的。

如果某个学生即使有了指导性注释也无法参与活动，教师可为其提供一整套笔记，并要求该生在记笔记时高亮显示其中的关键词语或概念，或者标记出可能会讨论的条目。

※ 向学生介绍谷歌文档或诸如印象笔记或阅读软件Good Reader等应用程序，让学生体验各种记笔记的工具。教师甚至可以让学生自己选择要使用的记笔记工具并与其他学生“分享与比较”。

※ 利用“分享与比较”活动讲授记笔记的新方法。例如，教师可以在课上介绍康奈尔笔记、思维导图或概述等方法。

※ 要想提高本活动对某些学生的难度，可以找出那些笔记记得很详细、准确和复杂的学生，让他们为全班同学重新讲授部分内容。

起立作答

你是否想让更多学生广泛地参与讨论？本活动可以代替传统的全班问答模式，让所有学生都能专注学习、积极参与。

在课堂讨论中率先表达看法的往往是那些自信而外向的学生。因为教师也想肯定学生的努力和热情，所以首先提问的常常也是这部分学生。“起立作答”则打破了这种模式，让每个学生都能表达自己的想法。

学生在活动中必须集中注意力，才能确定自己的回答与他人的答案是相同还是不同，因此本活动能促使他们主动听讲。也正是因为学生必须比较自己和同学的答案，本活动同时也能促进他们深入思考。

通过组织“起立作答”活动，教师很容易发现哪些学生想法一致，哪些答案最常见或最受欢迎，还可以快速发现并纠正学生的误解。

活动步骤

※ 向学生提问时，所提问题必须有不止一个答案或解决方案（例如“推荐一种有助于你在本校对抗性别歧视或能力歧视的方法”）。

※ 设置具体作答要求。例如，教师可以要求学生用“不超过7个字”作答。

※ 给学生留出几分钟时间组织答案。

※ 然后，让所有学生起立。

※ 叫学生作答，每次一人。学生给出答案后，让同意此答案的其他人都坐下（包括作答的这名学生）。

※ 叫起第二位学生作答。让那些仍然站着的学生再次确认他们的答案是否与该答案类似或相同。如果是，让他们也坐下。

※ 一直重复该过程，直到所有学生都坐下。

活动实施建议

“起立作答”适合与本书中的其他活动搭配使用。在组织本活动的同时，教师还可以组织“爆米花”“晚宴”“随着音乐起舞”或“尴尬之椅”等活动。在上述任一活动的问答环节，教师均可要求学生挑选一个他们听到的特别有趣或特别难理解的观点，并让他们通过“起立作答”活动分享看法。

教学案例

※ 在向七年级学生介绍童话中的性别歧视时，教师要求学生回忆他们曾经听过或读过的一个将女性描述成邪恶人物的故事。教师将学生两两分组，并为他们留出时间讨论。存在智力缺陷的学生凯登用增强或替代性沟通设备与人沟通交流。教师给了他几本书，供他在向同伴回答问题时参考使用。同伴将凯登的答案记录在他的辅助设备中，方便他与全班同学分享。为了确保凯登能在标准教学

中用辅助设备进行练习，教师让他首先作答。这样，凯登真正地表达了自己的观点，而不是单纯地通过“起立坐下”表示是否认同他人的答案。

通过这项练习，教师也可以了解学生们对哪些童话故事比较熟悉。在将学生的答案一一列出之后，教师又让他们进一步分析了这些邪恶女性形象的类型。

最大限度地提高学生参与度的方法

※ 可将学生分组，并为其留出时间讨论各种答案和观点。学生再次起立时，每人都可以陈述一种不同的观点（非本人观点）。

※ 如果有学生无法判断自己的答案是否与其他同学的答案完全不同，可以先叫起该生作答，省去该生的判断环节。也可以叫那些为了避免参与“起立作答”之后很快就坐下的学生先作答。

※ 可以让学生两人一组或多人一组集体作答，作答完毕后同时坐下，以加快活动的节奏，同时让学生学习如何合作和整合观点。

※ 想让学生对自己的答案负责的话，可以让他们在进行“起立作答”活动之前，先写下答案或解决方案。这

样，教师可以检查是否所有学生都已经形成了自己的答案。如有必要，学生可以将自己的答案用作退场券，退出课程学习。

吟诵与咆哮

要引入一堂课、强调一个概念或单纯地吸引学生更多地参与全班学习，教师可以试试“吟诵与咆哮”这个生动、高效又有趣的活动。让学生重复重要的短语、单词或观点无疑能提高他们的课堂参与度，但采用吟诵或其他类型的问答技巧不仅能做到这一点，还能延长学生对所学内容的记忆时间。

活动步骤

※ 在教学设计中，教师选出需要学生记忆的单词、核心概念、观点或短语。

※ 用一种令人难忘的方式让学生重复、演唱或诵读这些知识。想一想，怎样才能将这些知识与过去或现在的

名曲、口语表达和说唱歌词或最新的热门视频联系起来。

※ 接下来，确定讲课过程中适合插入吟诵活动的地方。上课开始时，可以让学生吟诵，以增强他们的行为期望或振奋他们的精神。在讲课过程中，教师可以在某些地方通过吟诵强化教学内容，并提醒学生最需要记住的知识是哪些。

※ 为了获得最佳活动效果，可以让学生日复一日反复吟诵。吟诵的内容最好是经常会用到的一些概念或者技能基础知识。

活动实施建议

尽管教师可能对押韵的吟诵词（例如，“三十天的有九月，还有四月、六月、十一月……”）再熟悉不过，但也不一定非得用作诗或唱歌的形式让学生记住教学内容。让学生口头重复重要信息（在适当的时候可配合手势或肢体动作）也是一种有效的教学策略。教师每天都可以组织“吟诵与咆哮”活动，无需提前做太多设计。

教学案例

※ 一位高中物理老师经常要求学生在课上吟诵“裂变和聚变释放能量”之类的事实，以至于他之前教过的很多学生在街上遇见他，与他打招呼时，问候语都是当年课上吟诵过的内容。

※ 每次上新课之前或者需要严格管理课堂时，一位五年级老师就会组织这种吟诵活动来设置对学生的行为期望。和着歌曲《Respect》（阿瑞莎·富兰克林的经典歌曲）的曲调，教师做主唱，改一些歌词，让学生唱合音回应：

◎ 教师：R-E-S-P-E-C-T……你要对我表示一点尊重！

◎ 教师：R-E-S-P-E-C-T，这对我意味着什么。

◎ 教师：哦！

◎ 学生：快说，快说，快说，快说。

◎ 教师：一点点的尊重。

◎ 学生：快说，快说，快说，快说。

◎ 教师：哦哇，宝贝。

◎ 学生：就要一点点，

◎ 教师：一点点尊重。

◎ 学生：就要一点点，

◎ 教师：我已经厌倦。

◎ 学生：就要一点点，

◎ 教师：争取要实现。

◎ 学生：就要一点点，

◎ 教师：你们没话可说了。

◎ 学生：就要一点点，

◎ 教师：我没撒谎。

◎ 学生：就要一点点，

◎ 所有学生：尊－尊－尊－尊重！

大多数情况下，这样做足以奠定课堂气氛的基调或改变课堂气氛。教师有时也会要求学生在课上大声说出尊重（看起来和听起来）应该是什么样子的。

※ 在讲授哈莱姆文艺复兴[①]那一单元时，一位中学英语老师（和着《洋基歌》的曲调）为学生写了一首打油诗：

◎ 兰斯顿·休斯会作诗。

◎ 他也写小说和故事。

---

① 哈莱姆文艺复兴（Harlem Renaissance）：又称黑人文艺复兴，20 世纪 20 年代到经济危机爆发这 10 年间美国纽约黑人聚居区哈莱姆的黑人作家所发动的一种文学运动。

◎ 哈莱姆文艺复兴里少不了，

◎ 他变得越来越家喻户晓。

在教师讲到哈莱姆文艺复兴中的著名人物时，学生们会吟诵这几句打油诗。快下课时，教师要求学生创作自己的说唱或歌曲作品，内容必须与哈莱姆文艺复兴中的某位人物有关。

※ 在讲授几何词汇时，两位合作授课的教师（一名是普通教育数学教师，一名是特殊教育教师）请学生用以下文本进行问答练习。开始时，两位教师一人扮演学生，另一人扮演教师，表演了如何进行吟诵。然后，他们要求学生也加入进来。

◎ 所有人：让我们谈谈角吧！

◎ 教师：角。

◎ 学生：角。

◎ 所有人：请解释……

◎ 教师：角是由……

◎ 学生：角是由……

◎ 教师：具有公共端点的两条射线组成的。

◎ 学生：具有公共端点的两条射线组成的。

◎ 教师：几条射线？

◎ 学生：两条射线。

◎ 教师：那我问一问，这个端点叫什么？

◎ 学生：叫顶点。

◎ 所有人：公共端点叫顶点。

◎ 教师：顶点吗？

◎ 学生：顶点！

◎ 教师：一条射线是始边。

◎ 教师：始边。

◎ 教师：一条射线是终边。

◎ 学生：终边。

◎ 所有人：让我们谈谈角吧！

在练习过程中，学生可以站起来在教室里四处走动，最后要按照教师要求创作几何概念的吟诵材料。班上几名存在学习障碍的学生发现，这种技巧有助于他们在上课时集中注意力，并记住其他学生吟诵的内容。为了因材施教，特殊教育教师和普通教育数学教师把吟诵词写了下来，并将学生吟诵的场景录制成视频，方便学生通过观看视频、听词或歌唱来学习相关概念。

最大限度地提高学生参与度的方法

※ 将需要吟诵的内容投射到交互式白板上，方便学生跟着吟诵。

※ 如果有学生需要额外帮助，可以给他们一份吟诵内容的复印件，用亮色突出显示其中需要吟诵的地方。

※ 如果可以的话，在吟诵过程中配上动作。例如，如果想利用吟诵帮助学生学习西班牙语动词，可让学生边说单词边将其表演出来。

※ 如果可以的话，让学生也参与制作吟诵内容，让他们用熟悉的韵律或旋律作为开头。教师可以将学生的吟诵情况录音，之后通过回放录音带领学生复习相关内容。可使用“会说话的汤姆猫”或“会说话的狗狗本”之类的应用程序为学生录音，以增加活动的趣味性。这些应用程序不仅能引人发笑，还能吸引学生一遍又一遍地阅读和聆听吟诵内容。

※ 教师可以在学生参与“吟诵与咆哮”活动时拍摄视频，记录下全班的活动情况，然后在课上或考试之前播放这些视频片段。如果有学生非常害羞或者不愿意参加活动，教师可以让该生负责录像。

※ 年龄小一些的孩子通常很愿意参加吟诵练习。例如，小学教师常常让小学生们集体吟诵。我们许多人就是这样学会“乘法口诀表”的。年龄较大的学生可能不愿参加活动，也不愿吟诵，但如果将本活动作为一种说唱或有用的记忆策略引入教学，或许能激发他们的兴趣。

鞭策

本活动旨在吸引更多学生参与全班讨论，让学生练习自我管理，同时为有需要的学生创造与人沟通交流的机会。因此，如果班上很多学生存在沟通方面的缺陷或者母语不是英语，我们特别推荐教师组织“鞭策”活动。

教师可以在全班范围内或者只是针对一部分学生组织该活动。换句话说，教师可以通过在教室里四处“鞭策”学生，或者仅仅在某一排或一小部分学生中用这种方法，了解他们的观点。

活动步骤

※ 宣布学习主题或提出问题让学生回答。可以在活动中采用几种不同类型的提示方法，比如：

◎ 提供句首（比如：“我认为学好语法很重要，因为 ______。”“一个有道德的科学家常常 ______。”）

◎ 提问开放性问题（比如，“为什么希特勒能让德国人都配合他实施他的计划？”以及“说出一种备考的好办法”。）

◎ 提问基于事实的问题（比如，“说出一个州的首府”“100 可以被哪些数整除？”“说出一种健康食品”或者“举例说明什么是明喻”。）

※ 给学生留出时间思考答案，然后指向某个学生（通常是坐在排头或排尾的学生），要求该生作答。

※ 在第一个学生作答之后，继续沿着该排（或某一部分学生）逐一提问下去，要求每人都作答。

※ 对于那些想不出答案的学生，还有那些答案已经被其他同学用过，因而感到沮丧泄气的学生，鼓励他们重复其他同学的答案即可。

※ 教师可以在听到数个不同的答案之后结束本活动，也可以继续收集学生的答案，直到班上所有学生都完成作答后再结束活动。

活动实施建议

如果教师想组织本活动，但时间有限，那么可以考虑对学生的作答设置一些限定条件。例如，可以告诉学生每人只有15秒作答时间或只能用7个字来表达观点或说出答案。

教学案例

※ 在讲授生物特征时，一位二年级教师下课前组织了“鞭策”活动。她“鞭策”全班学生每人说出一种生物。班上有位学生有学习障碍，教师允许该生在活动之前打开互动式科学笔记本查看图画和笔记。

※ 一位三年级教师在讲授估算时，上课伊始就要求所有学生每人都说说他们什么时间进行过估算。

※ 一位高中体育老师利用“鞭策”活动带领学生复习足球知识。他与学生简短地进行了这个活动，在活动中，他要求学生补全以下句子：“我们学到的足球规则是……”

※ 一位中学合唱音乐老师让学生们观看了他们最近

一次表演的视频，同时要求他们用不超过6个字回答问题：“我们表现得怎么样？”

最大限度地提高学生参与度的方法

※ 让一部分或所有学生在抽认卡或迷你白板上书写答案。

※ 如果学生需要的话，教师可以提前讲授相关内容；针对学生可能会分享的内容提出相关建议。

※ 允许学生选择放弃作答。

※ 提醒所有学生可以重复他人的答案。这对全班同学都有帮助，因为听的次数多了，学生更容易记住学习内容、观点和概念。

※ 如果有学生不会判断某个答案是否已经被其他学生作答，或者只知道有限的几个答案，那么在活动中可以先让他们作答。

※ 将游戏多进行几次，这样，需要反复练习大声表达观点的学生能得到练习，同时所有学生都能听到不同人从不同的视角表达的重要观点。

各司其职

想在全班授课时听到所有学生的声音很难。要解决这个问题，可以偶尔让学生分组讨论。但即便是分组讨论，有些学生可能依然悄然无声、安安静静，因为不积极参与大组讨论的学生往往也不会积极参与小组讨论。

由斯宾塞·卡根开发并推广的“各司其职”活动鼓励学生全员参与，目的是让更多学生发言。每个学生在活动中的机会均等，都能成为专家。

活动步骤

※ 将学生分成三人或四人小组，并给每人分配一个数字（例如，皮特是 1，尤兰达是 2，阿米尔是 3，艾莉森是 4）。

※ 给各组提出一个需要回答的问题、一个需要集思广益的观点或者一个需要完成的任务。例如，教师可以要求学生说出他们对古罗马的了解或者列出导体和半导体都有哪些。

※ 让各组在规定的时间内回答问题，确保每个人都能作答。向学生说明，他们必须对本组其他成员的学习负责。换句话说，皮特不仅自己得答题，还得确保阿米尔、尤兰达和艾莉森也会答题。教师要鼓励大家参与互动，积极答题。

※ 给各组留出时间一起组织答案，之后再次提问并叫出一个学生编号（例如，“说出你对古罗马有哪些了解。所有编号为 4 的学生，请作答”）。

※ 各组相应编号的学生此时要起立，向同伴和教师阐述答案。

※ 最后，选一些学生做全班汇报。

活动实施建议

教师可以在学年伊始就按“各司其职”活动将学生分组，并让学生整个学年都在这些小组里，这样就省去了分组编号或组内学生相互认识的环节，使得教师能够在教学或讨论过程中快速进入活动。在活动当天，学生一进入教室，教师就可以告诉他们当天要组织“各司其职”活动，并让他们相应地选择或摆放书桌。在全纳课堂上不间断地组织这个活动会产生特别明显的效果，因为学生会明白，他们定期会相互帮助、相互教学和相互合作。

教学案例

※ 一位中学音乐老师在每周五放学前的最后15分钟安排学生进行“各司其职”活动。学生的分组全年保持不变（因此，学生在活动中总能找到自己的伙伴和位置），但需要回答的问题每周都在变。有时，教师会问与课程相关的问题，例如“用我们一直在学习的新术语可以描述古

典音乐的哪些特征？”。其他时候，教师提问的目的都是帮助学生更好地了解彼此并更高效地合作。比如，年初时，教师问了学生这样一个问题：“我们班怎样才能更高效地合作？”

最大限度地提高学生参与度的方法

※ 可以一次叫起两名学生共同作答（例如，“我希望编号为 2 和 4 的学生共同作答”）。

※ 如果有学生很难在大组讨论中发表观点，教师可以让所有学生先在纸上集体作答，然后将答案交给该生，让他 / 她负责举答案或将答案交给老师。

※ 如果班上有学生使用增强或替代性沟通系统与他人沟通交流，要给该生所在的小组留出足够的时间在该生的辅助交流工具上记录或准备答案。然后，在教师叫号时，这个小组中的任何学生，包括那些没有缺陷的正常学生，都可以使用增强或替代性沟通系统作答。

※ 如果在讨论中总是同样几个学生发言，教师可以制定诸如“必须在所有人都完成发言了之后，才能开始下一轮发言”这样的规则。为了使操作更加具体，还可以给学生分发小棍、小石子或其他标记物帮助他们跟踪发言情

况。给学生每人发一两个类似的标记物，引导他们每次发言结束后上交一个标记物。学生用完自己的标记物之后，必须等到其他人也用完了标记物，才能再次在讨论中发言。

请从我的角度思考！

这是一项互动练习。这项练习可以提升学生很多重要的技能，包括陈述立场或组织答案、聆听、释义、增强个人责任心以及理解他人观点采择等。“请从我的角度思考！”鼓励每个学生都参与课堂教学。利用本练习，教师可以在课程开始时激发学生的学习兴趣，在课程中期检查学生对知识的理解，或者在课程结束时强化学习要点。

活动步骤

※ 给学生每人发一张卡片，让他们在卡上任意位置写下自己的姓名。

※ 然后，提出一个与主题或话题相关的问题。那些具有多个正确答案或答案有多个立场的问题最适合本活

动，例如：

◎ 举一个英雄主义的例子。

◎ 思考首位女性法老的统治，然后回答为什么美国历史上尚未出现过女总统？

◎ 我们了解到动物克隆实验有成功的案例。你对人类克隆持怎样的立场？

※ 给学生留出时间思考答案，组织语言，鼓励他们深思熟虑后写下有说服力的答案，要强调不必非得使用完整的句子。

※ 然后，提示学生站起来，走到教室的另一位置找到伙伴，并手持卡片与伙伴口头交流观点。提醒学生要认真听并用自己的话表达伙伴的想法，因为他们在活动中需要代表伙伴从伙伴的角度发表观点。

※ 在给学生留出时间充分交流想法之后，让他们互换卡片并“站到伙伴的角度”。交换卡片之后，提示学生找到新伙伴并重复该练习，但这次他们必须代表之前那个伙伴从他 / 她的角度发表观点。

※ 让学生重复此过程。

※ 回到大组讨论，叫起几个学生分享他们表达过的观点，不过这次他们要与观点的最初持有者确认一下是否

正确传达了后者的观点。

活动实施建议

※ 年龄较小的学生很难在反复交流中记住诸多细节，所以刚开始时可以先让他们交换简单的信息（例如，“我最喜欢的冬季活动是……”），并把交换卡片的次数减少到一到两次。

※ 这个活动可以帮助年龄较大的学生研究有争议的问题，同时教会他们虚心听取他人的观点。倾听他人的观点是一种技能，而“接受”他人的观点并大声地、不带任何主观色彩地将其分享出去是一种更为复杂的技能。

教学案例

※ 一位数学老师利用“请从我的角度思考！”活动鼓励学生用多种方法求解数学题。教师为学生提供了一个代表线性方程的图形，该线性方程与 40 年来医生的性别变化情况有关。在活动中，教师不时地从学校数学教材中抽取问题提问学生。这些问题包括：

◎ 你认为图中的数据点和根据这些数据点所绘制的线性模型代表了怎样的趋势?

◎ 男医生的比例高于女医生这种趋势还能持续多久?

◎ 如果让你做一份报告预测一下男性和女性医生未来的数量情况，从本线性模型中你能找到哪些问题的答案?

教师先给学生留出时间研究图形和思考答案，然后让他们互相交流，之后又要求他们分析所听到的答案里的模型，必要时还让他们用图形将这些模型绘制出来。

※ 一位高中英语老师让学生撰写一篇由5个段落组成的小短文，在学生落笔之前这位教师先利用此活动让学生分享各自短文的主旨句。教师给出的提示是：你认为我们学校的学生最需要学习哪门课程？学生将自己的主旨句都写在了卡片上，然后开始“请从我的角度思考！”活动。在活动中，学生要在卡片的背面详细阐述伙伴的观点，然后再次交换卡片继续游戏。活动结束时，学生收回自己的卡片，此时他们已经听到了很多有新意的主旨句，同时受其他学生启发，他们还对下一阶段的写作有了新的想法。

最大限度地提高学生参与度的方法

※ 由教师阅读或简单介绍主题内容，然后学生根据老师阅读或介绍的内容提问。

在活动过程中，变换或拓展问题。

※ 有些学生在语言、沟通或信息处理方面有障碍，因此很难想出答案。教师要确保为所有学生留出充足的“思考时间”来思考答案。

※ 写有其他学生想法的卡片就像是一个内置在学生大脑中的“小抄”，让他们能够记住新观点。但对于某些学生来说，即使这样，这个任务依然很难完成，因此，教师可以让这部分学生在整个课程中都重复自己的观点。重复相同的内容有助于学生建立自信，提高他们阐述主题的能力。

※ 对于那些无法用语言交流或需要外界提醒才能记住自己要分享什么概念的学生而言，逐句交流器（见图4.1）是一种很有用的辅助设备。学生在第一轮活动中可用该设备记录和分享自己最初的立场，在后面的活动中利用该设备记录并分享每个新伙伴的立场和观点。设备的录音时间为75秒。每次触碰设备开关，都会触发设备依次播放消息。

该设备还具有信息重复功能，可以重复播放某条信息。

图 4.1 逐句交流器

来源：AbleNet, Inc.图片库

课堂反思

你的学生是否会因为长时间上课而难以保持注意力？如果是，那么可以在课堂上设置课堂反思环节。“课堂反思”活动可以帮助教师打破长时间讲课的单调乏味，同时加深学生对材料的理解。要组织本活动，教师在讲课或讨论过程中需要不时地停下来让学生反思刚刚学到的内容，并观察学生的反应。让学生根据句首补全句子可以帮助他们迅速将所学内容与自己的背景知识联系起来，同时有助于教师快速了解学生对教学内容的理解程度。此外，根据学生的反应，教师可以确定是要重新讲授教学内容、继续教学，还是要澄清学生对内容的误解。

活动步骤

※ 备课时，教师首先要确定讲课过程中适合停下来让学生反思的几个逻辑停顿点，需要遵循的一般规则是每10分钟至15分钟停下来让学生反思一次。

※ 上课前，告诉学生上课过程中会有几次暂停，学生要利用暂停的时间反思和回忆教学内容，并针对教师的提问简短地撰写答案。教师要给学生留出充足的作答时间。之后，继续讲课。

※ 重复该过程。学生可以在同一张纸上连续作答，也可以在不同的纸上分开作答，或者使用平板电脑或笔记本电脑作答。

※ 在个别停顿处，教师可以叫起几个学生大声表达他们的观点。

※ 下课后，收集并查看学生的答案，找出学生学习中存在的误解或持有的不错的见解，为第二天授课做准备。

※ 下面是一些可能引发反思和回忆的句首：

◎ 我认为……

◎ 我在想……

◎ 这里比较难理解的是……

◎ 让我感到困惑的是……

◎ 我不太确定……

◎ 有趣的是，……

◎ 我还需要进一步练习……

◎ 我的一个优点是……

◎ 我要在……方面继续努力。

◎ ……的时候很棒。

◎ 让我没有想到的是……

◎ 我之前知道……，但又获知……

◎ 其他人认为（主题）……很 ____________。

◎ 我了解到……

◎ ……没问题。

◎ 我很担心……

◎ 当……的时候，我明白了。

◎ 当……的时候，我觉得很安全。

◎ 我觉得即将发生的事情是……

◎ 这不一样，因为……

◎ 我对……很有信心。

◎ 这让我想起……

◎ 我能想象……

◎ 我明白了……

活动实施建议

上课之前要先跟学生说明这种主动教学技巧的目的，这一点非常重要，否则讲课节奏的改变可能会给一些学生带来困扰。要让学生了解这种教学技巧有助于他们反观自己的学习，同时还可以鼓励他们参与课堂，为他们自学或者为同龄人讲解某些知识（例如科学展览会、课堂演讲等）提供灵感。

教学案例

※ 在面向六年级学生的科学入门课上，为了检查学生对板块构造和地球结构的理解和背景知识储备，教师提出了以下几点供学生反思：

◎ 让我有些疑惑不解的一个概念是……

◎ 我之前知道……，但又获知……

◎ 明天，我觉得你可以复习一下……

◎ 我能想象……

这是一个双语班，班里很多学生的母语都不是英语，因此教师将句子用英语和西班牙语投射在交互式白板上。所有学生都可以看大屏幕，查找两种语言对应的词汇并用来构建答案。学生可以用来补全句子的词表词汇和短语包括地球各层、板块边界、板块运动、大陆漂移、海底扩展和盘古大陆。

最大限度地提高学生参与度的方法

※ 将课堂反思活动与休息时间和其他类型的主动教学技巧（例如“吟诵与咆哮”）结合使用，以保持学习的新鲜感和趣味性。需要遵循的讲课原则是：连续讲课不要超过 10 分钟至 20 分钟。对小学生或中学生而言，要将连续讲课的时间控制为 10 分钟至 15 分钟；对高中生而言，则控制在 15 分钟至 20 分钟。

※ 除了提出一个问题之外，教师还可以简短地列出三四个问题让学生选择作答。

对于无法书写和无法在给定时间内完整作答的学生，教师可以提前打印好答案，让他们从中选出与他们的思想和想法最契合的答案，解释或高亮显示这些答案。或者，教师也可以制作多项选择答题卡，卡上列出关键字或图片。这样，学生不用书写，只需圈出答案即可（示例见图4.2）。

※ 每隔一段时间，教师在给出句首或提出问题后，可以不要求学生书面作答，而是让他们转身与身边的同学讨论，并口头作答。

※ 在教室的四周放一些活页纸，每张纸上写一个句首。教师暂停讲课后，可以让学生起立，选一张或几张活页纸并补全上面的句子。

※ 让学生自己选择作答材料，为他们提供卡片、素描本、平板电脑或笔记本电脑、白板，甚至海报纸和记号笔。

图 4.2 课堂反思选项卡

讲课停，戏剧起

为了给班上爱表现的学生一个表现的机会，教师可以给他们布置任务，让他们按照自己对学习材料的理解编排短剧或小品，通过这些短剧或小品严肃地再现学习材料中重要的知识点，或者模仿和讽刺某个场景。这些角色扮演最能诠释事件的来龙去脉、展示重要人物的历史地位或一系列续发事件的过程。关于道具的使用，原则上是鼓励，但不强制！

活动步骤

※ 上课之前，告诉学生他们要根据学习内容的某个方面创编小品或情景短剧。教师要提前确定情景，以便学生在听课过程中留意相关要点和细节。为了能顺利地从授

课过渡到短剧表演，教师要在授课之前确定好角色扮演小组的规模和成员组成。

※ 然后，确定讲课过程中可以插入角色扮演活动的地方。教师可以在不同的地方暂停，让各组上台表演。

※ 暂停讲课后，教师向学生介绍要表演的场景，比如电的发现、罗莎·帕克斯因拒绝在公共汽车后面就座而被捕或原始人学习使用火种等，然后邀请一个或多个小组上前表演。

※ 如果时间允许而且学生也愿意尝试的话，教师可以稍微改变一下场景，让场景变得离奇、有趣、独特。例如，将古今观点放在一起，鼓励学生以幽默风趣的方式对其进行批判性比较；让各组表演空中交通管制员评论莱特兄弟首飞的场景；让匈奴阿提拉出现在朱迪法官的法庭上；或者将两个交战国的领导人带入“菲尔博士脱口秀”[①]的情境中。

※ 角色扮演结束后，请观看的学生发表评论。

※ 最后，补充相关教学要点。

① 菲尔博士脱口秀（Dr. Phil）：美国著名电视节目。

活动实施建议

将一些经典的即兴创作技巧融入角色扮演中，给学生增加一点难度，让短剧表演更加生动活泼。例如，学生可以遵循以下全部或部分规则：

◎ 小组成员之间必须在某一时刻有身体接触。

◎ 必须有几秒钟的慢动作。

◎ 必须有大家都在抬头向上看的情景。

◎ 必须有一个人扮演没有生命的物体（例如桌子、灯、椅子）。

◎ 必须使用至少五个手势。

◎ 在某一时刻必须有几秒钟的集体沉默。

◎ 必须用到本课中的三个词表词汇。

教学案例

※ 在一堂关于航天计划的微课中，各组学生上台表演了与登月有关的小短剧：一些人表演了人类刚刚踏上月球的那几步，另一些人则以航天地面指挥中心为场景表演了小品。

※ 在比较各个历史时期的妇女权利之后，一位世界历史教师为学生设定了以下表演情景："想象一下纳芙蒂蒂①、索茹尔纳·特鲁斯②、埃莉诺·罗斯福③、贝蒂·弗里丹④和希拉里·克林顿⑤聚在一起吃午饭，并比较一下她们作为妇女的权利。"为了促进学习障碍学生的课堂参与并确保所有学生在角色扮演时都有话可说，教师指导学生战略性地记笔记，如图 4.3 所示。

---

① 纳芙蒂蒂（Nefertiti）：埃及法老阿肯纳顿的王后，是埃及史上最重要的王后之一。

② 索茹尔纳·特鲁斯（Sojourner Truth）：美国福音传教士和改革家，一生积极与当时社会中的不公制度作斗争，成为 19 世纪美国人权卫士的代表人物之一。

③ 埃莉诺·罗斯福（Eleanor Roosevelt）：美国第 32 任总统富兰克林·罗斯福的妻子，曾为美国第一夫人。

④ 贝蒂·弗里丹（Betty Friedan）：美国当代著名的女权运动家和社会改革家，自由主义女性主义思想代表人物之一，推动了美国第二次女权主义运动的发展。

⑤ 希拉里·克林顿（Hillary Clinton）：美国民主党籍政治家，第 67 任美国国务卿。

图 4.3 女性权利课策略性笔记表

姓名：____________________

上课之前填写本部分。

今天的主题是什么？

你对今天的主题有哪些了解？

在教师讲课过程中，完成以下笔记。

列举今天课程 / 讨论涉及的 3 ～ 7 个主要观点。如果可以的话，记下相关细节。

____

____

____

____

总结——简述不同历史时期关于妇女权利的观点或信息之间的相似之处和关联。

总结——简述不同历史时期关于妇女权利的观点或信息之间的不同。

新词汇或新词语。

________　________

________　________

________　________

最大限度地提高学生参与度的方法

※ 为了让学生熟悉小短剧的形象和风格，可以先为学生演示一下。如果是合作教学（例如教师与治疗师、普通或特殊教育工作者、管理人员等合作），那么所有参与教学的人员都要聚在一起为学生演示一下怎么做。如果教师在授课过程中没有教学搭档，那么受此活动启发，可以尝试与人合作教学。如果教师想邀请言语治疗师、社工或阅读专家定期出现在自己的普通教育课堂上，可以用这种有趣的方式将他们介绍给学生们。

※ 如果学生尚未准备好扮演主要角色，可以让他们为短剧的编排献计献策，并负责角色扮演活动的某个方面（例如制作道具、扮演不必讲话的角色等）。

※ 可以不让学生对全班同学表演，而是小组对小组进行表演，对某些学生来说，后面这种形式可能更温和一些。此外，小组对小组表演也可以加快活动节奏，为学生提供更多表演时间。

※ 可以让一些学生担任短剧评委（参照“与星共舞”节目），鼓励他们为表演打分并幽默而不失尊重地对各组的表演进行点评。

※ 如果有学生很难转换角色或不会表演不停变幻的信息，可以推荐固定人物、相同的介绍方法或引导性叙事的角色扮演。

圆桌会议

“圆桌会议”是一种合作技巧。活动开始时只需要一张白纸，但活动结束时，学生们已经在纸上合作完成了一个作品，该作品可以是清单列表，篇章段落，也可以是一幅图画。虽然它最初被设计为一种通用头脑风暴技巧，但圆桌会议也可被用来在授课过程中带领学生复习学习内容，检查学生的理解程度，或者在学生观看影片或视频片段时吸引他们的注意力。

活动步骤

※ 将学生分成小组，让各组围绕一张桌子坐下。桌上只提供一台设备或一支铅笔和一张纸。

※ 然后，提出问题，让学生轮流使用桌上的设备或

纸张作答。

※ 教师应精心选择问题。所选问题应具有多个答案，并且所有学生都能以某种方式作答（例如，“儿童在第一次世界大战期间是如何为战争做出贡献的？”或“你用什么方法做乘法？”）。

※ 时间到，让各组统计本组的答案。

※ 然后，询问各组都收集了多少答案。此外，让各组评估本组的答案，选出最具创意或最有针对性的答案。

※ 最后，请各组简要总结本组成员的答案。

教学案例

※ 一位二年级老师问学生：“我们的社区在哪些方面与众不同？”活动开始，学生被分成小组展开讨论，然后，各组成员在组内安静地传递纸条，每人在纸条上写下一两个与讨论相关的词。

※ 六年级学生正在观看关于濒危物种的纪录片，此时，教师往各组桌上（6 人一组围坐一桌）放了一台平板电脑。教师所提的问题是：“你从纪录片中学到了哪些与濒危物种相关的知识？”放映开始时，第一个学生有了答案后用平板电脑作答，然后将平板电脑传递给组里的另一

个学生。第二个学生有了答案之后，也要在设备中作答，然后再继续传递设备。待小组中第六位成员也完成作答之后，要将平板电脑回传给第一位学生，再次开始这一作答过程。学生以这种方式轮流作答，直到电影结束。

※ 在一堂关于儿童发展的微课上，一位讲授家庭和消费者教育课程的十年级教师给每桌学生都准备了一张纸，供他们集体记笔记时使用。在听课过程中，每组都有一个学生先在纸上记下一个重点，之后将纸传递给坐在他/她右边的同伴。在整堂课中，各组学生一直在本组内传递这张作答纸。最后，在与学生一起检查了笔记的正确性之后，教师将各组笔记复印给全班学生使用。班上有位学生患有自闭症，记笔记时常常抓不住教师讲课的重点。为了帮助这位学生，教师在看到纸张传到他手中时，会强调记笔记的重要性。例如，教师会停下来说“这是一个重点”，然后将其写在白板上，以提示该生记笔记。

※ 在高中美术课上，教师利用“圆桌会议”活动让学生集体完成作业。之前，学生们都是独立地用黏土制作面具，但这次教师想让他们通过合作完成。因此，她更改了作业布置，将学生分成四人一组，并为每组中一名学生提供了黏土。该生需要完成面具制作的第一步（比如，捏

鼻子），然后将黏土递给下一个学生；第二个学生完成面具制作的第二步，然后再将黏土传给第三个学生。整节课下来，这块黏土被不断“易手”，学生在制作面具的过程中或添加新元素或修改旧元素。对于肢体严重残疾的学生而言，这种集体合作效果很好，因为他们可以只制作面具的某个特征（比如，在面具的耳朵处粘一小块黏土），然后由下一个学生进一步修饰或点缀该特征。

本活动的另一版本

如果想进行“沉默的讨论”，可将学生分成四人一组，安排各组围桌而坐，并给组内每人都发一支不同颜色的记号笔。在每张桌子中央放一大张活页纸，将纸划分为四部分，每人使用一部分。向学生提问与课文、讲座或视频相关的问题，然后，告诉他们在自己对应的那部分纸上简短作答一分钟。时间到后，让学生向右转动纸张，在纸的另一部分继续作答，学生可以看到上面已有的答案。给学生留出一分钟时间在纸上对同学的答案进行评价，然后让他们再次转动纸张继续游戏。

最大限度地提高学生参与度的方法

※ 允许无法书写或交谈的学生用手指认答案，然后在该答案旁边用计数符号标记。

※ 除了让学生将答案写下来之外，教师还可以给学生分发答案贴纸，上面提供两三个备选答案。学生拿到活页纸之后，可以从贴纸上选一个答案，粘贴到活页纸上。

※ 让学生自己选择作答方式：是用图标标出，还是突出显示，还是在纸上书写作答。

※ 如果学生有轻微运动困难，可在活动中使用平板电脑和笔记本电脑。

第五章

评估与庆祝

提问、评论与总结

教师有时候需要打破常规，用新的方式组织学生对话。让学生转身与坐在身边的伙伴交谈固然简单，但相比而言，提问、评论与总结更为有趣，学生在互动中还可以练习三种重要的话语技能：回答问题、发表评论和总结概括。

活动步骤

※ 给每个学生发一张“提问、评论与总结”活页练习题，如图5.1所示。跟学生说明每人都要找到自己的“提问、评论与总结”伙伴。

※ 学生在教室里来回走动，寻找各自的“提问、评论与总结”伙伴，让这三名伙伴在纸上相应的位置签名。提醒学生，要与找到的伙伴相互签名。

图 5.1 “提问、评论与总结”练习题

提问、评论与总结练习题

姓名：________________________

要求：

• 在教室里来回走动，找到三名同学，分别扮演以下三种角色。在某位同学签名成为你的伙伴时，你也要在对方的习题纸上相应的活动环节签名，成为对方在该活动环节中的伙伴。

• 随身携带此表，以便按照教师要求及时、轻松地找到伙伴。

我的提问伙伴 ?

我的评论伙伴

我的总结伙伴

※ 学生完成签名后，活动开始。

※ 在讲课或讨论进行到某一时刻时，向学生提问，然后宣布“问题时间到”。学生此时应立即离开座位，找到各自的答题伙伴，并开始以小组的形式回答问题。

※ 几分钟后，让学生返回座位。

※ 教师继续讲课或讨论。

※ 如果教师在讲课或讨论过程中想要学生发表评论或反思学习材料，可以宣布“评论时间到”。学生应再次离开座位，两两一组或多人一组，相互发表评论。

※ 几分钟后，让学生再次返回座位。

※ 教师再继续讲课或讨论。

※ 在讲课即将结束时——或者在快要进入讨论环节时，教师宣布“总结时间到”。这时，要为学生留出时间找到各自的总结伙伴，一起回忆并总结课上学习的内容。

※ 等学生在小组中做完总结之后，教师可以宣布下课，也可以让他们向全班做汇报。

活动实施建议

如果课堂讨论或讲课时间较长，要给学生创造机会多次与伙伴合作。学生可以在一节课中找三次评论伙伴，发表三次评论，或者回答两次问题。

教学案例

※ 在引入有关创业的教学内容时，一位教师向他的四年级学生播放了几段视频，视频中成功的企业家们畅谈着自己的想法和公司。播完第一段视频之后，教师要求学生与同伴讨论这样一个问题："为什么人们需要企业家？"讨论结束后，学生们返回座位，教师则开始播放第二段视频。看完第二段视频后，学生找到各自的评论伙伴，简单地与后者分享了他们看完两段视频之后的感触，同时对照了两位不平凡女性的人生故事。最后，学生再次返回座位观看了第三段视频，看完之后与同伴分享了从视频和讨论中学到的知识。

最大限度地提高学生参与度的方法

※ 上课之前，先让学生练习如何快速进入活动状态，让他们练习快速找到伙伴以及迅速返回座位。

※ 在学生完成问答、评论或总结之后，试着用铃声（钟声）或其他某种声音提示他们返回座位。

※ 除了口头指令，教师还可以举起或用投影仪投射某种视觉信号（例如，用一个对话框提示学生该去找评论伙伴了）。此时，授课暂停，学生——特别是那些不是很擅长听讲的学生——可以更快、更容易地进入活动状态。

※ 如果学生需要更多运动，可以在上课时多次提问他们，或让他们发表评论。

※ 为学生设定伙伴关系。如果想让学生选择特定的伙伴，教师可以在答题纸上提前规定。比如，可以提前指定学生的问答和评论伙伴，但可以让他们自己选择总结伙伴。

※ 增加其他伙伴类型。比如，可以让学生选择“复习伙伴”。活动开始时，让学生两人一组，一起回忆并复习前一天的学习内容。

倒数

“倒数”活动的节奏有点快，有点疯狂，但特别有意思。在游戏中，学生可以移动位置、交谈、分享和互动，还可以与同伴一起讨论问题、完成任务或共同参加活动。这个游戏很方便，学生可以灵活分组，放松大脑，而教师可以随时评定学生的表现。

“倒数”最好玩的地方是哪里？是学生永远都不会感到厌烦，因为每次做游戏时的指令都不同。学生每次玩“倒数”游戏都会有完全不同的体验。

活动步骤

※ 让所有学生起立，开始游戏。

※ 在白板上写下指令。

※ 让学生阅读白板上的指令，然后根据教师的命令按顺序执行。学生在游戏中总共要遵守 5 个指令。

※ 确保以倒数的形式列出这些活动。也就是说，第一个动作，学生要做 5次，第二个动作做 4次，第三个动作做 3次，依此类推。例如，教师可以让学生完成如下动作：

◎ 分别与五个人握手。

◎ 触摸教室的四面墙壁。

◎ 做三次开合跳。

◎ 围着两张不同的桌子绕圈。

◎ 找到一个伙伴，与伙伴讨论 / 合作 / 创作________直到教师喊停。

最后一条指令应是让学生找到伙伴、完成任务。因此，教师可以对学生说“找到站在你身边的一个人，与他 / 她讨论第 8 章结尾处的问题”，或“找到与你同一天生日的人，与他 / 她一起绘制一张我们学校的地图”。

教学案例

※ 一位中学数学老师在单元小测前组织“倒数”活动带领学生复习。考试前一天，他组织了两个版本的“倒数”游戏，带领全班学生快速复习了所学内容，学生在

30 分钟内与两个同伴一起完成复习，而教师则通过学生的表现简单评估了他们的学习效果。同时，他还旁听了学生们的问答情况，并帮助他们填补了学习中的理解盲点。

※ 一位高中西班牙语老师利用本活动评定学生的表现。学生每完成一项活动，他都会观察他们并且评估他们对指令的理解程度。学生找到同伴之后，还可以再次练习语言技能，这是他们此时要实现的学习目标。教师设定主题（例如足球、狗、天气等），然后要求学生用西班牙语随意聊天。学生只要能正确地遵守指令，在会话中使用指定的词表词汇表达，即可得分。

最大限度地提高学生参与度的方法

※ 想让学生多休息一会儿或者马上动起来的话，教师可以增加游戏环节和指令。要敢于设置那些让学生走出教室或走出教学楼的指令。

※ 带着目的性去分组。精心设计最后一个指令，让学生能够跟随指令选到教师想让他们选择的伙伴。为此，教师可以给所有学生都提供一种视觉资料，比如扑克筹码，让他们找到持相同颜色筹码的学生做伙伴。

※ 在做游戏之前，对游戏的各个步骤进行演示。有

些学生——例如英语非母语学生、聋哑或听力不佳的学生——只有跟着教师的示范才能完成触摸脚趾、手臂划圈或单脚尖旋转等动作。

※ 为行动不便的学生调整游戏，设置5个不用走路或不用集体参与的活动。诸如下面的指令，适用于所有人：

◎ “书空”5个词表词汇。

◎ 触摸四周的课桌。

◎ 转动脖子或肩膀3次。

◎ 从周列表上选两个词解释。

◎ 与伙伴一同跳“椅子舞”。

想冒险吗?

大多数教师都认同玩游戏能鼓励和吸引各个年龄段的学生，但他们可能不了解学生从中到底能收获多少。具体到本活动，他们可能不清楚学生在发明游戏的过程中能有多少收获。本活动能让学生特别兴奋，有些学生甚至能将自己的作品用在课堂之外，将所学知识衍生到课本之外，这多少会让教师感到一丝意外。

活动步骤

※ 将学生分成两人或多人一组进行棋盘游戏。通过这个游戏，他们能学到与课程相关的知识。注意，要为他们留出 30 分钟到几个小时的时间设计游戏。

※ 为各组提供各种材料，包括纸、海报板、骰子、转盘、

马克笔（来自教室中的其他棋盘游戏）和索引卡。

※ 提前介绍游戏规则，比如：

◎ 各组所设计的游戏名称必须与本课所学内容相关（比如素数随堂小测验或好玩的图像语言）；

◎ 游戏必须能够有助于学生学习（诸如诗歌、整数、世界宗教、遗传学等内容）；

◎ 游戏规则必须简单易懂，易于遵守。

※ 为学生留出玩游戏的时间。时间允许的话，可以让他们多玩几个游戏。

活动实施建议

如果时间有限，在游戏中可以不用棋盘，而用卡片。

教学案例

※ 在学习了中国相关知识数周之后，六年级一个班的学生开始设计棋盘游戏。教师要求他们选出部分所学内容（例如地理、近期历史）作为游戏的重点内容。一组学

生根据中国的地理环境创建了一个游戏，称其为“中国：周边的海”。在该游戏中，玩家得从内蒙古一路“旅行”到黄海、中国东海或中国南海，回答14个与中国接壤的国家相关的问题，在从游戏板（棋盘）上的一个方格移动到另一个方格的过程中，还要回答与中国各省相关的问题。教师巧妙地为各组学生分配了不同的角色。苏吉是一名有智力缺陷的学生，他的学习目标是“在地图上找到中国”，所以分配给他的任务是抽出亚洲地图，然后将其贴在游戏板和游戏盒盖上。其他学生则负责出题和设计游戏板。

最大限度地提高学生参与度的方法

※ 给各组学生分配不同的角色（例如艺术总监、信息收集者等），确保人人都带着任务参与游戏。

※ 向学生展示不同类型的游戏案例，允许他们查看存放在教室里的某些游戏规则和相关资料。

※ 如果学生觉得游戏不够刺激，想要更多挑战，可以让他们设计计算机游戏或应用程序。

※ 如果学生没有什么想法（或者时间有限），可以不要求他们设计新游戏，而是利用现有的棋盘游戏和相关资料，但要改变游戏规则和问题。

※ 可以提高活动的难度：让所有学生或一部分学生设计一个游戏，要尽可能吸引校外人士的关注，从而达到将游戏投入使用的目的。特别是，可以要求年龄大一点的学生试着设计一种能供全区学生使用的产品。为了完成任务，学生甚至会走访当地的玩具店做市场调查，进一步优化设计灵感。

桌面教学

桌面教学是一种主动学习策略，旨在为学生创造机会同时扮演教师和学习者双重角色。学生根据教师分配的主题、自选主题或教学目标完成备课后，要在一种公平的气氛中互相授课。虽说桌面教学这种模式特别适用于正式演示活动，例如科学博览会、总结性评定等，但也可以用它来简单复习或强化学习内容。

教学步骤

※ 为学生分配桌面教学活动的主题，或者给他们一个主题列表，供其选择要研究的领域。

※ 为学生留出时间准备一个与主题相关的简短授课，授课时间应该控制在 5 分钟至 10 分钟。鼓励学生在讲课

时运用视觉辅助工具和其他学习资料、演示等元素，并设计简短的互动环节。

※ 学生完成授课之后，让大约一半人将教学资料摆放在课桌上，而其余的人各选一个“桌面”访问，等后者都找到了访问桌面之后，指示学生开始授课。

※ 大约 10 分钟后，要求听课的学生换一张桌子听讲。

※ 重复此过程，直到听课的学生听完几段授课。

※ 让“桌面教育者”变换角色。之前听课的学生现在要开始讲课，而之前讲课的学生现在则变成了听讲人。

※ 让学生重复整个过程。

活动实施建议

花一些时间告诉学生什么是好的教学；教他们一些讲课技巧，使他们能够较好地把握讲课时间，以容易记忆的方式展示知识，吸引听讲人的注意力。教师可以向学生介绍本书中的一些教学策略。适当时，给学生留出与同伴排练的时间。

教学案例

※ 七年级工业技术班的学生在年底利用桌面教学活动展示各自的学习情况。他们每人都选了一个独立的研究主题深入探索。教师要求学生的展示材料中要有模型或图片，还要有简短的讲义供其他人学习保存。

桌面教学的主题包括张力和压力、桥梁设计、古代技术和计算机编程等。因为需要学生实际操作，这个活动对所有学生都很实用，而对于班上 8 位母语非英语的学生而言，则是特别实用，因为他们在活动中既能听又能看，还能练。

※ 在介绍杰出的世界和平缔造者时，一位五年级社会研究学老师要求学生从网上收集过去和现在的和平缔造者（例如甘地、肯尼亚环保主义者旺加里·马蒂等）的信息，希望每人都能利用搜到的信息准备一个简短的报告用于桌面教学活动中。学生詹姆斯患有语言学习障碍，他觉得很难紧扣主题展示重要信息，并且自己的报告中充满了大量与主题无关的细节。为了让他的讲课简洁明了、逻辑清晰，教师用思维导图软件帮他构建了一个基于图片的语义网。利用该软件，詹姆斯创建了一个可视化的图表来呈现关于

圣雄甘地的讲课重点和次重点。根据这张图表，他在讲课前对讲课要点进行了梳理，在讲课过程中还注意减少了无关细节。有关语义映射的示例，请参见图 5.2。

最大程度提高学生参与度的方法

※ 如果学生在某方面有浓厚的兴趣，可以鼓励该生将兴趣融入讲课中。比如，喜欢运动的学生可以将运动纳入讲课中。

※ 鼓励学生充分利用自身所长；如果学生喜欢绘画，鼓励他（她）用图片和原创艺术来传达信息；如果学生是个技术迷，则允许他（她）在讲课过程中使用软件进行演示。

※ 如果学生胆小害羞，要给他们留出时间和空间排练。如果学生有严重的公开演讲恐惧症，可以将他们的排练情况录制下来，然后在互相讲课环节播放。如果是用播放视频代替讲课，学生虽然不用讲课，但必须回答其他同学的提问。

※ 此外，还可以将学生的讲课情况录制下来，给那些需要反复播放视频听取信息的学生使用。

※ 鼓励学生设计授课主题，从而增加他们讲课的动力，让讲课的经历更加难忘。例如，某位学生用“海底”做主题向同学们介绍坐标网格和绘图线。她制作了一个蓝色的大坐标网格代表大海，又让同学在网格上画了一些点代表鱼，一些线条代表海藻。

图 5.2 利用 Kidspiration 构建的甘地信息图表

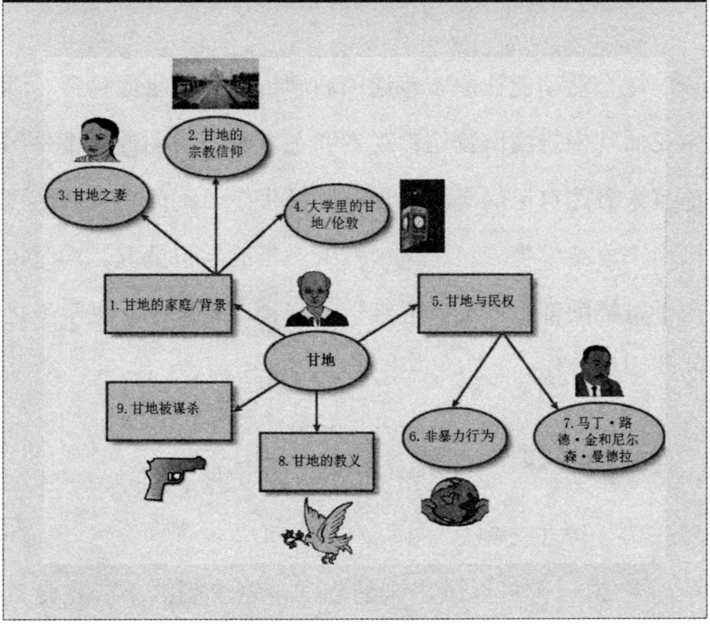

来源：Inspiration Software, Inc.; Clipart.com.

画廊漫步

这个活动能让原本普通的教学日变得优雅而精致！学生在活动中扮演博物馆参观者和艺术家，用图片而不是用语言来表达自己的想法。“画廊漫步”活动简单有效，可以用来总结学生一日、一个月或一年的学习情况。同时，由于每幅图都是“集体思维”的产物，它还能促进学生之间的团结合作。

活动步骤

※ 将学生分组。

※ 说一个可以画出来的想法，这个想法不一定是具体的。有时候，抽象概念能激发出最有趣的视觉产品。

※ 确定想要学生创作的作品类型是略图、拼贴画、

地图还是信息组织图。教师可以要求学生绘制一幅 1900 年纽约市的街景图，为美洲原住民传说《水牛和老鼠》画插图，绘制碳循环过程图，或者绘制文氏图，对几何和代数进行比较。

※ 给学生留出一定的时间处理他们所创作的略图、拼贴画、地图或信息组织图。

※ 学生完成作品后，教师告诉各组要将本组海报张贴在教室里，海报之间最好有几英尺远的距离。

※ 各组选出一名学生充当讲解员，站在本组海报旁边，而其他成员则可以在教室或者说“画廊”里来回走动着参观其他海报。讲解员负责将本组作品展示给“参观”者，其间要对作品进行描述并回答参观者提出的问题。参观者不仅要观看海报，还要与讲解员交谈，并讨论画廊里的作品。

教学案例

※ 在结束“简单机器”单元的教学后，一位科学老师给 6 个小组每组都分配了一种机器，要求各组制作海报，并且要在海报中用图样和示例展示本组机器的日常应用。学生们用了一节课的时间制作海报，之后又用一节课时间

开展“画廊漫步”活动。在漫步过程中，他们手持带夹写字板记录学到的新知识。如果学生对相关概念已经有了较为深入的理解，教师可以增加活动难度，邀请当地的工程师（主要是学生家长）也来画廊参观并与学生互动交流。在“画廊漫步”活动中，教师还可以根据海报制作的准确性、细节处理、学生提问的质量和回答问题的质量简单评估学生的学习情况。

※ 在一堂针对高中生的家庭和消费者教育课上，教师利用本活动讲解“责任”这一概念。她让学生（三人一组）思考“责任”一词（因为该词与家庭、个人成长和成年生活都有关系）并展开讨论，然后给学生留出20分钟时间让各组创作一件艺术品，诠释什么是“责任”（时间紧、任务重有利于激发学生的创造力）。虽然没有为学生提供多少资料，但她允许学生利用储物柜、钱包或口袋中的任何东西（这让学生的反应更加灵活）。之后，所有学生都可以在教室里来回走动，查看各个创意作品，并在作品附近的笔记本电脑上创建短视频，与其他同学分享自己对作品的观察结果。整个学年，教师都在用这个活动介绍本门课程的学习主题，包括工作和职业选择、怀孕和计划生育、个人理财以及独立生活等。

最大限度地提高学生参与度的方法

※ 根据学生的需求和能力，教师可以要求学生在观察作品环节扮演其他角色。例如，让一个学生扮演记者，负责采访“画廊赞助人”，而另一个学生扮演画廊摄影师，通过摄影捕捉图片作品信息，以备将来使用。

※ 如果有学生觉得制图或绘画很累，可选用其他创作工具，比如设计软件、颜料、泥塑或拼贴材料等。

※ 让学生轮流担任讲解员，这样人人都有机会在画廊中探索和学习，也可以让需要专门练习讲解技能的学生在活动中一直担任此角色。例如，一个需要练习流利阅读的中学生可以与教师一起练习讲稿，然后按照讲稿内容向所有参观其海报的同学多次介绍海报内容。

※ 摈弃讲解员的角色，用科技讲解作品。让各组在作品中提供一个音频二维码，参观者在画廊漫步期间可以通过扫码了解海报。

A代表________

利用本活动让学生追忆一下童年时光吧！在“A代表________”活动中，学生要别出心裁地复习学过的内容并且通过制作字母书展示他们对知识的掌握情况。这个活动能给学生带来乐趣，特别是小学高年级学生和中学生，同时还可以帮助他们在搜索资料、寻找与字母对应的单词和短语时找到实用的网站、书籍和笔记。

教学步骤

※ 告诉学生他们要制作字母书，然后用字母书授课。

※ 为学生提供各种材料供他们在创作中使用。例如，教师可以允许学生在创作中使用演示软件（例如PowerPoint）、纸张和马克笔、空白书、书法钢笔、字母

贴纸和邮票，或者从杂志上剪切下来的单词和短语。

※ 学生做完字母书（书中要配上插图）之后，让他们互相阅读书中的内容，以进一步强化课程内容。

※ 将学生的作品放在教室里，在单元学习过程中或在整个学年里利用这些字母书来复习知识和做练习。

教学案例

※ 教师要求学生们在美国历史课上制作字母书，书中内容应该涵盖他们在一学年中所学的美国历史知识。某组分到的任务是哈莱姆文艺复兴。该组制作的字母书中包含以下内容：

◎ A 代表非洲裔美国人。

◎ B 代表黑人移民。

◎ C 代表文化运动。

◎ D 代表话剧。

◎ E 代表爱德华・伯拉。

◎ F 代表小说。

教师可以用这些字母书评价学生的学习情况，也可以将其用作合作教学的工具。

※ 一位高中化学老师在期末考试前利用此活动帮助

学生复习知识点，他将活动命名为A代表酸和B代表碱。活动的目标是帮助学生复习本学期学过的概念性主题，活动的要求是学生两两一组，每组制作一本26页的PowerPoint电子书，书中应包括热力学、气体、溶液、酸、碱等内容。每张幻灯片上必须有一个标题、两张以上带注解的图片，并用三四句话对幻灯片的主题进行描述。评分标准包括是否运用了科技手段，信息是否准确，是否有创造力等。

在学习海洋时，一年级学生被分成三人小组，教师要求各组编一本书介绍一种海洋生物，同时给每个学生发了一张纸用来书写和画插图。有个小组选择海豚作为主题，他们在书中写道："A代表活跃（active），因为海豚爱玩耍，游得快。B代表美丽（beautiful），因为海豚有着闪亮光滑的皮肤。C代表可爱（cute），因为它们会开心地叫，会幸福地笑。"教师给全班学生提供了一个以a、b或c开头的形容词列表供其选用，同时让他们写下选用这些词的原因（例如，学生选用beautiful即"美丽"一词，因为海豚有着闪亮光滑的皮肤）。海豚小组成员亚历克斯有运动计划缺陷，并且手眼动作不协调。职业治疗师为亚历克斯提供了帮助，同时也帮助了他所在的小组。亚历克斯能够口述自己的想法，但无法书写或绘画。在治疗师的帮助下，他用一个改装键盘把答案输入计算机，并从谷歌图库中挑了一张图片用到书中。

最大限度地提高学生参与度的方法

※ 向学生展示字母书样书，介绍不同的艺术风格和书籍格式，启发学生的灵感。

※ 在让学生以小组为单位编书之前，先在全班范围进行头脑风暴，让学生大声喊出与主题相关的单词和短语。在此期间，可以让一个学生、一名专业人员助手或某位教师将这些单词和短语记录下来。

※ 对于比较棘手的字母（例如 Q、V、X 和 Z），可以为学生提供形容词或单词列表。这些字母最不常用，要想找到以这些字母开头的形容词，并将其用到之前的哈莱姆文艺复兴时期的示例中，可以说“Q 代表机智作家鲁道夫·费舍尔”；“V 代表比利·哈乐黛的柔美声音”；“Z 代表热情的诗人克劳德·麦凯”。

※ 允许学生用多种方式为作品配插图。有人想用剪贴画或谷歌图片，有人想自己绘制精美的笔墨画，还有人可能想用趣味十足的书本写作工具。

※ 邀请美术老师一起讲授本课的部分内容，向学生介绍课文中所表现的各种艺术类型。

※ 如果有学生刚开始学习阅读或者读写能力欠佳，因此需要实现读写方面的学习目标，教师可以与言语治疗师、阅读老师或其他合作伙伴合作，帮助这样的学生创作一个作品，让他们练习流利阅读、外语理解技能和其他相关技能。要做到这一点，教师需要与学生和学生所在的小组一起选择编写字母书要用的词汇，并为他们推荐恰当的阅读策略。

※ 全班一起创作一本电子书。教师创建一个线上共享文档，然后给每个学生分配一个不同的字母，让他们在规定的时间内利用共享文档同步创作。

十强榜单

虽然不是每位教师都能像大卫·莱特曼[1]在脱口秀节目中那样幽默机灵，大放异彩，但所有教师都可以将“十强榜单”的活力和乐趣带入课堂，利用该活动复习知识，评定学生的表现，在单元学习或学年结束时进行教学反思等，从而让这些教学环节更加难忘，更有意义。

活动步骤

※ 将学生分为五人或六人一组。

※ 给各组发一些材料，包括记号笔、活页纸，还有旧杂志或废纸（如果有的话）。

① 大卫·莱特曼（David Letterman）：美国脱口秀主持人，喜剧演员，电视节目制作人。

※ 让学生回忆他们在某一天、某个星期、某一课、某一单元或某一学年所学到的知识，然后列出10个条目即可，不过要用正式的列表列出。让学生自由创建列表，但要在活页纸上用深色墨水和大写字母书写，因为这些列表之后会被张贴起来供其他同学观看和使用。

※ 鼓励学生善用颜色与图像，语言和文字的使用要有创意（例如，用大写字母书写重要单词，用下划线突出关键概念等）。提醒他们这些列表将被用于帮助其他同学学习、记忆和复习知识。

※ 要求学生用新颖的方式展示各自的列表。他们可以像电视主持人一样幽默地朗读列表内容，也可以只是简单地展示列表，同时请其他同学一起朗读其中的内容。

※ 将列表在教室四周的墙上张贴一段时间（几天或几周），以强化复习内容。

教学案例

※ 一位六年级老师利用“十强榜单”活动评估学生对分数的理解。学生所做的列表中包括这样的项目：“最小公倍数是可以被两个或多个数整除的最小的数”和“素数是只能被1和它本身整除的整数”等。学生们用一节课

的时间创建列表，制作海报，又用一整节课的时间展示作品。最后，教师将学生制作的列表张贴在教室四周的墙上和校园里，还将其中的一张贴在教室的天花板上，另一张贴在门上，此外还在每个学生洗手间里张贴了一张。尽管讲授分数知识的时间只有两个礼拜，但学生对内容的记忆却保持了很久。

※ 一位高中老师利用本活动管理课堂。活动开始时，她先让学生列出课堂上不该做的事情，让他们描述失去控制的课堂是什么样的，并鼓励他们发挥创造力“遵从本心”回答。以下是“本班课上不应出现的十大行为榜单”上的前几项：

1. 假装在听老师讲课，其实是在给堂兄吉米发短信。
2. 一节课 44 次要求削铅笔。
3. 试着把玉米片从同学的环形耳环中扔过去。
4. 骑着猪或其他家畜进入教室。

完成这份列表之后，学生们还表达了对其他同学的期望，讨论了应该怎样将列表上的想法转换为简单的课堂规则。

本活动的另一版本

可将本活动拓展为一种庆祝活动，学生可以制作列表列出某人或某组的优点或积极行为，例如“琼斯女士是一位优秀教师的十大理由”或者“在506室举行披萨派对的十大理由”。

最大限度地提高学生参与度的方法

※ 让学生在平板电脑或索引卡上写下自己的想法，然后将这些想法提交给所在的小组，确保各组在创作本组的作品时有可参考的想法。

※ 允许有艺术天赋或者特别有创意的学生为列表配插图或修饰列表，以加深读者对海报内容的印象。

※ 选一些与课程或单元内容相关的图片。允许尚不会写字的学生从中选择一张添加到本组的列表中。小组成员之后可以根据所选图片写出相关的列表条目。

※ 根据小组成员各自的优势，为他们设置相应的角

色。比如，可以让一名学生大声朗读部分文本，让另一名学生写下特定的条目，然后让第三名学生在列表定稿之前再检查一次拼写和语法错误。

※ 为了确保在制作列表时人人都能有所作为，教师可以让学生先提交一个创意或想法，然后让各组成员一起努力制作列表。

接住!

“接住！”是由专业培训师莎伦·鲍曼开发的一项激情四射的游戏。如果想让学生回想之前提过的内容，可以在活动或课程开始时或清晨组织该游戏。如果想帮助学生记忆刚学过的知识，可以在活动或课程要结束时或一天要结束时插入该游戏。

对于多元课堂而言，这个游戏可以拉近学生之间的关系，也可以用来庆祝学生的进步，因为它鼓励学生相互交谈，避免个别学生在讨论中喋喋不休，同时也促使学生积极参与活动。由于学生可以控制答题的节奏和步骤，因此本游戏经常能吸引学生的注意力，给他们带来惊喜。

活动步骤

※ 让学生面对面站成一圈。

※ 向学生宣布你现在正手持一个“答题物”，这个“答题物”可以是任何物品，比如沙滩球、毛绒玩具或橡皮擦。任何人只要手持此物都必须答题。为了增加活动的趣味性，可以选一种与课程内容有关的物品。例如，地理老师选用毛绒地球仪，而高中心理学老师选用带图解的充气式大脑模型等。

※ 告诉学生，在接住“答题物”后，必须说出他们在当天，当前单元或本节课上或本年度学到的某个内容。当然，适用于本活动的问题很多，比如：

◎ 说出你对学习内容尚存的一点疑问。

◎ 你还想学什么？

◎ 你学到的最难 / 最有趣 / 最难忘 / 最令人兴奋 / 最烦人 / 最令人惊讶的内容是什么？

※ 在学生分享了自己的想法之后，让他或她从圆圈里再选一个学生（尚未发言的学生），然后将“答题物”扔给该生。

※ 不断在圆圈里丢“答题物”，直到所有学生都表

达了至少一种看法。

活动实施建议

可以让学生们站得紧凑一些，避免“答题物”在教室里乱飞，或者滚到桌子底下，文件柜或窗户里，或者门外。另外，可以建议学生在扔“答题物”之前与目标学生先进行眼神交流，甚至叫出目标学生的姓名，以便后者有时间准备接住“答题物”。

教学案例

※ 一位英语老师在每节课结束时都会组织这个活动，让学生快速复习她当天所讲的语法概念。例如，有一天，她在教室里通过丢球让学生们说出不规则动词都有哪些。学生接到球时，要么说出一个不规则动词，要么重复其他同学已经说过的不规则动词。

※ 一位中学体育老师每次在结束单元教学时都会组织该活动。利用该活动，她会与学生一起复习与课程标准相关的教学内容（例如游戏规则、身体部位和功能等），

在一种积极合作的氛围里完成复习。如果条件允许，她还会用与单元主题相关的物品，比如在复习足球运动时，她选用的道具是泡沫足球。

最大限度地提高学生参与度的方法

※ 如果学生需要时间思考，不要强迫他们立刻作答。

※ 让部分学生（或所有学生）先在索引卡或便签上写下自己的看法，并在游戏中随身携带索引卡或便签，以防在接到“答题物”后一时想不起来答案。

※ 将学生分为两组进行“接住！”游戏，这样可以节省时间，延长学生参加活动的时间。

※ 可以让学生自己选择是表达自己的想法还是重复同学已经分享了的答案。

※ 让学生用一个短语作答，让游戏更加趣味十足。

60 秒广告

亮灯！给摄像机信号！广告拍摄时间到！

本活动借鉴了企业培训师的做法，精彩并且活跃。用本活动复习课程材料能进一步加深学生的记忆。教师还可以利用本活动庆祝学生的学习经历以及他们在某个单元，甚至是整个学年的学习表现。“60 秒广告”活动利用学生对电视和流行文化的了解，尤其能为表现突出，性格外向的学生创造表现的机会。

活动步骤

※ 将学生分组，要求他们根据课堂主题拍摄一段长度为 60 秒的电视广告。广告应尽量强调课程内容，同时包含一句广告词，以帮助本组和其他同学更好地记忆学习内容。

※ 鼓励学生利用曾在电视上见过的技巧表演广告内容（例如，邀请专家或名人介绍广告主题，展示幸福家庭的画面，使用统计数据等）。

※ 为学生留足时间集思广益，同时准备一箱道具供各组在创作作品时使用。

※ 给各组留出一分钟时间，向全班同学展示本组广告。

※ 展示结束后，让学生分享他们从广告中学到的知识。

活动实施建议

要给学生留足思考和排练的时间。仅头脑风暴一项就可能需要20分钟以上时间。诚然，缩短这个环节可以节省时间，但经过这一环节，学生反而对单元内容或课程内容记忆最深刻。其实，学生头脑风暴的过程正是他们绞尽脑汁让内容变得有趣而难忘的过程，而让内容变得有趣而难忘是每个优秀教师必然要经历的过程！因此，将一部分时间用于头脑风暴适得其所。教师确实要密切关注学生，保证他们在有效地合作，但也要注意不要将他们的创造时间缩减得太短。

教学案例

※ 一位九年级英语老师让学生在期末考试之前用广告表演不同的英语词性。她给各组发了一张表格，希望他们在本组的广告中体现表格上的内容（目的是让学生能复习到最重要的概念），同时还提醒各组最终要制作一个广告帮助其他同学记忆与即将到来的期末考试内容相关的知识。然后，她介绍了广告商们常用的加深观众印象的广告策略（例如，利用铃声、寓言、震惊、幽默等）。

这些广告的效果都非常好。学生在制作广告的过程中熟悉了内容，考试时也能很容易地想起广告语（例如，“需要动词变名词？幸运的你！动名词马上到！”）。

最大限度地提高学生参与度的方法

※ 录制视频广告，将其放到班级的维基数据库里面供学生复习时反复观看。

※ 如果班上有失聪或听力障碍学生，或者有学生需要多种教学方法，为了帮助这部分学生，可让各组在广告中设置隐藏式字幕[1]。在“播放”商业广告时，指定一名

① 隐藏式字幕（close captioning）：供失聪或听力困难的人收看节目用的字幕。

学生在演员们旁边翻提示卡，同时给学生每人发一份广告脚本的复印件，让每个人都能跟上广告节奏，还可以将广告脚本文字写在交互式白板上。

※ 考虑指派一两名学生担任导演，其职责是确保各组广告的内容各不相同，学生从每则广告中都能学到新知识。

※ 为了保证学生一直在学习，教师可以让各组在一周或一个月内重复表演本组的广告。这种重播让每个人（包括小组成员和其他观众）都有学习的机会，同时还让课程学习变得愉悦，学生上课时精力十足。重复观看还有一个好处，就是能够帮助学生深刻记忆学习材料。在考试之前（甚至在考试期间），教师或学生可以哼唱着广告词来回忆相关概念。

合作小测

如果学生不仅能自己设计测试题，还能与其他同学合作完成测试题，会极大地降低，甚至会消除他们对测试的焦虑感。通过合作小测这种低压力的合作学习技巧，学生可以展示自己的知识，同时还可以准备其他更正式的测试而不感到无聊、紧张或乏味。

教学步骤

※ 给学生10分钟至15分钟时间复习书中某章内容或某单元中的一组概念。

※ 让每个学生都根据复习材料出一两道小测题，告诉他们这些题可能会出现在全班学生都要做的试卷上。

※ 然后，简单要求学生分享小测题和答案（利用这

一环节对即将组织的小测进行测前复习）。练习结束时，收集学生的问题。

※ 第二天（或之后的某个时间），用学生设计的小测题出一份小测试卷，发给学生完成。因为对试卷的内容很熟悉，学生在小测当天不会像往常一样满腹怨言。

※ 告知学生，他们不仅要合作出题，还将集体作答。

※ 让学生两两一组或多人一组。

※ 给学生每人发一份小测题。告诉各组只需上交一份答题卡。各组因此需指定一名成员担任抄写员，负责将本组答案写到答题卡上，然后上交答题卡。

活动实施建议

虽然可以在同一间教室里组织本活动（让学生降低音量），但为了便于管理，可以将不同的小组分散到不同的地方答题。学生可以去的答题地点有图书馆、走廊和大办公室等。

教学案例

※ 一位四年级老师组织“合作小测”活动，带领学生为即将举行的标准测试做准备。光是提及这些测试就会使一些学生感到紧张、昏昏欲睡，或者既紧张又昏昏欲睡，因此，教师采用本教学技巧让考试变得不再那么可怕，而是乐趣多多。教师非常清楚：这个活动有助于学生充分备考。通过让学生自己出题，这位教师成功地激发了他们的兴趣。

给学生留出时间讨论测试内容和测试环境似乎能促进学生更深入地学习。测试卷上最后一道测试题由教师设计，即“介绍一种你曾经用过的考试成功策略”。学生们对本题的作答情况给她留下了特别深刻的印象。通过本活动，学生不但能够复习要考试的内容，还能掌握具体的学习策略。这让所有学生都受益匪浅，尤其是那些在考试中一直表现不佳的学生。

最大限度地提高学生参与度的方法

※ 为了进一步激发学生的学习兴趣，允许学生同时提交测试题和答案线索（像电视智力问答竞赛节目《危险

边缘》一样）。这种新颖的方式会启发一部分学生，有些学生甚至因此能设计出更加复杂的测试题。

※ 有些学生需要先查看与学习材料相关的样题或者不同类型的样题（例如配对、判断正误、多项选择、填空等）才知道该怎样出题。对于那些需要更多帮助才会出题的学生，可以为其提供一张测试题样卷，让其从中挑出一两个想要在正式小测中使用的问题，并高亮显示。样题的难度分别为简单、中等难度和高难度。

※ 在正式小测那天，要确保担任抄写员的学生能够按要求作答，同时能够快速组织想法和观点。如果很多学生都觉得这么做很难，那么教师可以让多个学生轮流担任此角色，还可以设置其他角色，例如计时员、校对员、合作班长和鼓励者。

※ 在小测题中加入一些由教师设计的问题，这些问题主要应与班集体功能和学生的考试行为有关（例如，“在考试过程中可以使用哪种策略保持警觉和注意力集中？”和“说出一个可以用来备考的学习或抽认卡应用程序”）。

真人寻宝

营地顾问、童军领袖和教会团体的组织者们都在利用这一活动打破会议僵局或者活跃社交聚会的气氛。“真人寻宝”游戏中的任务由简单到复杂，包括隐私问题（例如，找到那个穿着袜子睡觉的人）和与课堂内容有关的问题（例如，找到那些知道两名怀俄明州籍参议员姓名的人）。因为有助于确认学生在学习新知识前后都有哪些专长，本游戏可用于评估和庆祝的目的。

活动步骤

※ 给学生每人发一张表，表上有一系列与课程内容有关的问题或提示，目的是让学生通过收集同班同学的专业知识和信息来找到答案进行作答。

※ 宣布游戏规则：

◎ 从每个同学那里只能获得一道题的答案。

◎ 如果从同学那里获得了答案，你需要回报对方一个答案。

※ 告诉学生可以在教室里来回走动，与同伴对话，向同伴提问，争取找到要寻找的答案。

※ 在学生均已完成答案搜寻之后，让他们返回座位。全班一起对这些答案进行检查，纠正其中的错误，同时讨论各自是怎样学到知识的以及学到了哪些知识。

活动实施建议

为了让学生迅速动起来，可以规定在寻宝游戏的前两三个项目中，不允许他们与本行（或本排）同学合作，甚至可以在前两三个项目中为他们指定合作伙伴。

教学案例

※ 一位高中科学老师要求学生完成“真人寻宝”活动，作为季末复习（见图 5.3）。教师要求所有学生都设计问题用于寻宝游戏，然后全部采用学生设计的问题制成一张表。当学生在教室里来回走动，收集信息时，教师旁听了他们之间的谈话以评估学生的备考情况，同时为个别学生提供关键知识点上的现场教学。班上有名学生在科学方面表现突出，在开始练习之前就已经理解了表上的大多数概念，因此老师允许他用三个新的“挑战题”代替三个问题，这三个挑战题应是他从课外阅读或快速网络搜索中获得的，然后让他在寻宝游戏中寻找这三个拓展性问题的答案。

图 5.3 真人寻宝：自然科学案例

真人寻宝

姓名：______________________

本活动的目的是让学生尽可能多地学习其他同学专长的知识。你从每名同学身上只能获得一个答案，而对方从你身上也只能获得一个答案。

1. 找到一名能通过画画表示"作用一段距离的力"的同学（作品）。

艺术家签名：__________

2. 找到一名同学，说出放射性的一种应用。

____

科学家签名：__________

3. 找到一名同学，解释日常生活中所用的一种滑轮。

____

____

这位善于观察的学生签名：__________

4. 找一名同学演示、解释或绘制多普勒效应。

这位具有创意的同学签名：__________

完成寻宝之后，可在教室里来回走动，帮助其他同学完成寻宝。

最大限度地提高学生参与度的方法

※ 选几名学生担任“搜寻助手”，负责在教室里来回走动，为那些难以完成表格的学生提供帮助。这些助手可以提供相关信息，也可以推荐有某种专长或者已经帮助其他同学完成表上相同项目的学生。

※ 学生在教室里来回走动时或者在寻宝游戏开始之前，让学生先自行想出一些问题。

※ 如果学生无法口头作答，其伙伴可以设计一个用手势、画图或手指物品作答的问题。诸如“找一个可以用手势表示水（H_2O）的构成元素的人”之类的问题，来促使其用不同的方式表达所学内容。

※ 如果学生有某种专业技能，已经掌握了所选内容或者知识储备有限，可以在游戏之前让他们先排练他们擅长的知识。可以在寻宝表格上给出提示，提醒学生注意其他同学的专长，例如，“记着问吉姆铁和氦的符号”或“达涅和拉斯都知道萨卡加维亚在刘易斯和克拉克远征[①]中扮

① 刘易斯和克拉克远征（the Lewis and Clark expedition，1804—1806）：美国国内首次横越大陆西抵太平洋沿岸的往返考察活动。领队为美国陆军上尉梅里韦瑟·刘易斯（Meriwether Lewis）和陆军少尉威廉·克拉克（William Clark）。

演的角色”。

※ 如果学生因为沟通不便或行动不便获取信息的速度较慢，教师可以减少此类学生寻宝单上的待搜寻物品的数量。在出现上述问题时，教师其实可以设计不同版本的寻宝单，以更契合学生的需求、阅读水平或学习目标，同时让游戏问题更加多元化。

※ 允许那些需要拓展学习的学生为全班同学设计寻宝表格。

※ 如果学生在作答过程中需要帮助，允许他们翻阅课本、课堂笔记或上网搜索资料。

※ 通过该游戏，教师可以突出学生个人的专业知识、经验、特殊才能或长处。如果学生刚从沙特阿拉伯搬来美国，教师可以在寻宝表格上设计一道与中东地理相关的问题。如果某个学生特别喜欢读书，对《爱丽丝梦游仙境》特别感兴趣，那么在寻宝游戏中可以设计这样一个项目，即让学生表演或描绘畅销书中的一个画面。

表演出来!

“表演出来！”是一个可以在教室里组织的游戏。游戏本身虽然有点可笑，但却可以帮助学生记住那些容易遗忘的知识。在此活动中，学生们各自成组“变成”词语、概念、观点或物品。教师可以让所有小组都变成同样的单词或概念，也可以为不同的小组指定不同（但相关）的词或概念。根据学生的不同需求，教师可以提供具体的选项，比如金字塔或显微镜，也可以使用抽象和复杂的选项，比如社区、元素、余弦或意象。

活动步骤

※ 通览课程内容，确定学生要学习、理解和讨论的词语、观点或概念。

※ 将学生分组。

※ 将这些词语、观点或概念中的一个或多个分配给各组学生，或者给每组学生分配相同的词语、观点或概念。

※ 告诉学生要将教师分给他们的词语、观点或概念表演或戏剧性地展示出来。例如，某组学生的任务可能是这样的："你是沙漠生态系统。表演出来吧！"

※ 给各组学生留出时间构思表演的想法。如果时间允许的话，还可以让学生使用道具或临时服装。

※ 可以剧透，也可以让学生猜一猜正在表演的词语、观点或概念是什么。

※ 设置标准，让表演更加正式，结构更加清晰实用。例如，可以要求学生至少表演一分钟，至少使用两个道具，包括一幅图片，至少重复某个重要的术语或词语两次等。

教学案例

※ 在九年级的科学课中，教师要求学生（四人一组）阐明聚变与裂变的概念。尽管所有学生表演的动作都基本相同（聚成一团，然后迅速跑到教室的各个角落），但各组的解释并不相同，每个表演都在帮助学生记忆原

子的运动。

※ 在一节语言艺术课上，教师要求学生表演以下词表词汇：令人回味、邪恶、虚弱、繁重、早熟、肮脏和赔偿。每组负责表演一个单词，其他同学负责猜。这个练习对患有自闭症的学生瑞妮特别有帮助。瑞妮发现图像有助于她学习新单词（尤其是具有抽象含义的单词）。轻松的游戏气氛让她感到自在无拘束，这与她在其他语言课程中经常会感到压力形成了鲜明的对比。

最大限度地提高学生参与度的方法

※ 给学生准备一箱服装和道具供表演使用，或为他们提供一些物品，比如便条纸、毯子、纸巾、丝带、纸碟和学校物品等，以方便当场制作道具。

※ 如果学生想要更多挑战，可以用更抽象的哑剧字谜考考他们，或者让他们自己设计“表演出来！”游戏的相关问题。

※ 要求学生即兴修改小短剧，为此，要给他们设定职责。例如，可以指定一名学生核查事实，另一名学生就图片的使用提出建议，再指定一名学生处理声音（例如编写对话、推荐配乐等），从而让整个表演更有意义。

图书在版编目（CIP）数据

重新定义课堂 / （美）爱丽丝·乌德瓦里·索尔纳，（美）葆拉·克拉思著；杨密芬译. —长沙：湖南人民出版社，2022.12

ISBN 978-7-5561-3012-2

I. ①重… II. ①爱… ②葆… ③杨… III. ①课堂教学—教学管理 IV. ①G424.21

中国版本图书馆CIP数据核字（2022）第166969号

重新定义课堂

CHONGXIN DINGYI KETANG

著　　者：［美］爱丽丝·乌德瓦里·索尔纳　［美］葆拉·克拉思
译　　者：杨密芬
出版统筹：陈　实
监　　制：傅钦伟
责任编辑：姚忠林
产品经理：李怡青
责任校对：陈卫平
装帧设计：许婷怡

出版发行：湖南人民出版社有限责任公司［http://www.hnppp.com］
地　　址：长沙市营盘东路3号　　邮编：410005　　电话：0731-82683311

印　　刷：长沙市雅捷印务有限公司
版　　次：2022年12月第1版　　印　　次：2022年12月第1次印刷
开　　本：880 mm × 1230 mm　1/32　　印　　张：11.125
字　　数：200千字
书　　号：ISBN 978-7-5561-3012-2
定　　价：49.80元

营销电话：0731-82683348（如发现印装质量问题请与出版社调换）